文字・語彙・文法
Vocabulary / Grammar

読解
Reading

聴解
Listening

JLPT N2

五十嵐香子
Kyoko Igarashi

佐藤茉奈花
Manaka Sato

金澤美香子
Mikako Kanazawa

杉山舞
Mai Sugiyama

植村有里沙
Arisa Uemura

全科目攻略!

日本語能力試験ベスト総合問題集

Succeed in all sections!
The Best Complete Workbook
for the Japanese-Language Proficiency Test

the japan times
PUBLISHING

全科目攻略！JLPT 日本語能力試験ベスト総合問題集 N2
Succeed in all sections! The Best Complete Workbook for the Japanese-Language Proficiency Test N2
2021年9月5日　初版発行
2023年6月20日　第3刷発行

著　者：五十嵐香子・佐藤茉奈花・金澤美香子・杉山舞・植村有里沙
発行者：伊藤秀樹
発行所：株式会社 ジャパンタイムズ出版
　　　　〒102-0082 東京都千代田区一番町2-2
　　　　　　　　　一番町第二TGビル 2F
ISBN978-4-7890-1782-4

First edition: September 2021
3rd printing: June 2023

Narrators: Erika Umeda, Mai Kanade, Yuki Minatsuki, Shogo Nakamura, Takuma Kono and Yuya Kunikane
Recordings: The English Language Education Council
English translations: EXIM International, Inc.
Vietnamese translations: Nguyen Phuc Minh Tuyen
Chinese translations: Yuan Shu, Ding Yiran and Xia Yujia
Russian translations: Sabina Zabirova
Layout design and typesetting: DEP, Inc.
Typesetting: Soju Co., Ltd.
Cover design: Shohei Oguchi + Ryo Misawa + Tsukasa Goto (tobufune)
Printing: Nikkei Printing Inc.

Published by The Japan Times Publishing, Ltd.
2F Ichibancho Daini TG Bldg., 2-2 Ichibancho, Chiyoda-ku, Tokyo 102-0082, Japan
Website: https://jtpublishing.co.jp

ISBN978-4-7890-1782-4

Printed in Japan

はじめに

●

Preface

　本書『全科目攻略！JLPT日本語能力試験ベスト総合問題集N2』は、日本語能力試験N2の合格を目指す日本語学習者のためのドリル問題集です。全科目をバランスよく、計画的にしっかり学べる内容になっています。また、科目ごとにまとめてありますので、苦手な科目を集中的に練習することもできます。

　各問題の形式は過去のJLPTに実際に出題されたものを参考にしました。語彙や文型は一般的なN2レベルに準じていますが、比較的解きやすい問題から難易度の高い問題までをそろえることで、N3に合格したばかりの学習者から、N2の勉強を一通り終え、試験直前の腕試しをしたいという学習者まで幅広く対応できるようにしてあります。著者一同、日本語学校での教授経験や試験の作問経験をもとに、推敲を重ねて練り上げた問題です。また、初めてJLPTを受ける学習者にとってもわかりやすいように、各科目の初めに例題とともに、問題を解く際のポイントなどをまとめました。これらはJLPT対策の授業を担当される先生方にも、役に立つ内容です。

　本書がN2合格を目指す方やN2レベルの日本語を教える先生方の手助けとなる一冊になれば幸いです。

　また、本書を出版するにあたり、的確なアドバイスをくださったジャパンタイムズ出版日本語出版編集部の皆さんに心から感謝いたします。このほか、本書の作成のためにご協力くださいましたお一人お一人に厚くお礼申し上げます。

2021年8月　　五十嵐　香子

佐藤　茉奈花

金澤　美香子

杉山　舞

植村　有里沙

もくじ | CONTENTS

言語知識（文字・語彙・文法）編
Language Knowledge (Vocabulary/Grammar)

読解編
Reading

本書の特長と使い方

本書は、①本冊、②別冊、③音声、④解説の4つで構成されています。

① 本冊

問題

日本語能力試験N2と同じ形式の問題が以下の構成で収録されています。各週、5日分の問題があり、12週間で完成する構成になっています。第1週1日目から順番に進めてもいいですし、苦手な科目だけを選んで解いてもいいでしょう。また、第1週から第12週までの1日分の問題をまとめて解けば、1回分の模擬試験のように使用することもできます。

それぞれの科目ごとに目標解答時間を設定してありますので、見直しも含め、この時間内に解き終わるようにしましょう。（聴解は目標解答時間はありません。）

例題と解き方

言語知識編、読解編、聴解編の初めに、問題の解き方を例題付きで解説しています。問題を解き始める前に、ここで解き方のポイントを確認しておきましょう。

言葉を覚えよう

N2レベルに必要な言葉のリストです。言葉を増やすのに役立ててください。

【問題の構成】

● **言語知識（文字・語彙・文法）編**
- 第 1 週　漢字読み・表記・語形成
- 第 2 週　文脈規定・言い換え類義
- 第 3 週　用法・文の組み立て
- 第 4 週　文法形式の判断・文章の文法

● **読解編**
- 第 5 週　内容理解（短文）
- 第 6 週　内容理解（中文）
- 第 7 週　統合理解・主張理解（長文）
- 第 8 週　情報検索

● **聴解編**
- 第 9 週　課題理解・ポイント理解
- 第10週　概要理解
- 第11週　即時応答
- 第12週　統合理解

※実際の試験の出題順と異なります。

---

② 別冊

問題の解答一覧と、聴解問題のスクリプトが収録されています。スクリプトの中で、問題を解くのに重要な部分には下線を付けました。

③ 音声

聴解問題の音声は以下の方法でダウンロードできます。音声は無料です。

・右のコードを読み取って、ジャパンタイムズ出版の音声アプリ「OTO Navi」をスマートフォンやタブレットにインストールし、音声をダウンロードしてください。

・パソコンの場合は以下のURLからmp3音声をダウンロードしてください。

https://bookclub.japantimes.co.jp/jp/book/b588374.html

OTO Navi

④ 解説

問題の解説はPDFファイルで提供します。右のコードを読み取るか、以下のURLからジャパンタイムズBOOK CLUBにアクセスしてダウンロードしてください。

https://bookclub.japantimes.co.jp/jp/book/b588374.html

ジャパンタイムズ
BOOK CLUB

言語知識（文字・語彙・文法）編
Language Knowledge (Vocabulary/Grammar)

例題と解き方　〜言語知識（文字・語彙・文法）編〜

漢字読み　Kanji reading

下線部の漢字の読み方として最もよいものを選ぶ問題である。

例題1

1　子どもたちが喧嘩（けんか）しないように、ケーキを平等に分けた。

　　1　へいとう　　　　2　へいどう　　　　3　びょうとう　　　　4　びょうどう

2　昨日は雪が降って、震えるほど寒かった。

　　1　ふるえる　　　　2　こごえる　　　　3　うえる　　　　4　たえる

表記　Orthography

表記は、下線部のひらがなの言葉を漢字で書くときの正しい表記を答える問題である。

例題2

1　館内では、一部をのぞいて撮影可能です。

　　1　余いて　　　　2　徐いて　　　　3　除いて　　　　4　途いて

2　教師が生徒の家をほうもんした。

　　1　訪問　　　　2　報問　　　　3　訪門　　　　4　報門

語形成　Word formation

　語形成は、派生語（言葉の前後に漢字などをつけてできた言葉）や複合語（二つ以上の言葉が結びついてできた言葉）を正しく作れるかを問う問題である。

例題3

1　この映画の（　　　　）場面は、何度見ても感動する。

　　1　大　　　　2　名　　　　3　快　　　　4　要

2　そのレストランは家族（　　　　）の客で混雑していた。

　　1　入り　　　　2　引き　　　　3　増し　　　　4　連れ

☞ 言葉の前につく漢字

- 未〜＝まだ〜していない（例：未経験・未発表・未完成）
- 各〜＝それぞれの〜（例：各教室・各部門・各家庭）
- 最〜＝最も〜（例：最年少・最下位・最優秀）
- 急〜＝変化が激しい〜、進むのが速い〜（例：急成長・急展開・急接近）

☞ 言葉の後につく漢字

- 〜師＝〜の技術を持った専門家（例：看護師・調理師・美容師）
- 〜費＝〜にかかる費用（例：食費・教育費・交際費）
- 〜性＝〜の性質、〜の傾向（例：安全性・危険性・必要性）
- 〜法＝〜のやり方（例：学習法・節約法・予防法）

☞ 言葉の後につく言葉

- 〜たて＝〜したばかり（例：できたて・採れたて・焼きたて）
- 〜がたい＝〜するのが難しい（例：信じがたい・忘れがたい・許しがたい）

文脈規定 Contextually-defined expressions

　文脈を考慮しながら、文の空欄に入る正しい言葉を選ぶ問題である。動詞や形容詞から擬音語・擬態語・カタカナ語まで、幅広い語彙力が必要である。

例題4

1　お客様から、購入した商品が不良品だったという（　　　）のメールが来た。

　1　オーダー　　　　2　クレーム　　　　3　エントリー　　　4　セールス

2　本を読んでいたら知らない言葉があったので、インターネットで（　　　）した。

　1　捜査　　　　　　2　吸収　　　　　　3　検索　　　　　　4　交換

言い換え類義 Paraphrases

　下線部の言葉と意味が近いものを選ぶ問題である。

例題5

1　弟の秘密を<u>うっかり</u>母に言ってしまった。

　1　思わず　　　　　2　特に　　　　　　3　何度も　　　　　4　今さら

2　入学願書の提出期限が<u>迫</u>っている。

　1　縮んでいる　　　2　短くなっている　3　過ぎている　　　4　近づいている

用法 Usage

　下線部の言葉の使い方が正しいものを選ぶ問題である。正答を導くためには言葉の意味を理解するだけでなく、言葉が文の中でどのように使われるかを把握している必要がある。

例題6

1　募集

　1　ボランティアに参加希望の方は朝9時に公園に募集してください。

　2　恩師や友人に招待状を送って結婚式に募集した。

　3　駅前の喫茶店でアルバイトを募集している。

　4　その立候補者は国民投票で多くの票を募集して見事に当選した。

STEP 1　**下線部以外の意味を確認しよう**

☞　まず、下線の言葉の意味は気にせず、選択肢の文を読み、それぞれがどんな場面や状況なのかを確認する。

STEP 2　**下線部の言葉が、STEP 1で確認した場面・状況に合っているか確認しよう**

☞　「募集」の意味は「広く呼びかけて、必要な人や物を集めること」である。また、「〜を募集する」という形で使われる。

　　例：「アルバイトを募集する」「商品名のアイディアを募集する」

例題6の解き方

1　▶「募集」は人や物を集めたい人がすることで、ボランティアに参加したい人がすることではない。また助詞「に」とも合わない。この文の場合、「集合」が正しい。

2　▶「募集」は不特定多数の人や物を集めることなので、特定の人を集めたい場合には使えない。また助詞「に」とも合わない。この文の場合、「招待」が正しい。

3　▶　正答

4　▶「票」に対して「募集」を使うことはできない。この文の場合、「獲得」や「集めて」が正しい。

文法形式の判断 Selecting grammar form

　選択肢の中から文法的に正しい言葉を選び、文を完成させる問題である。言葉の意味だけでなく、どの活用形が使われるかなど文法の知識が必要である。

例題7

1　経営が悪化しているので、このままでは店を（　　　）しかない。

　　1　閉める　　　　　　2　閉めた　　　　　　3　閉めない　　　　　4　閉めよう

2　映画（　　　）ずっと話している人たちがいて集中できなかった。

　　1　の上で　　　　　　2　の最中に　　　　　3　に反して　　　　　4　に基づいて

文の組み立て Sentence composition

　与えられた4つの選択肢を並べ替えて、正しい文を作る問題である。

例題8

1　昨夜、＿＿＿＿　＿★＿＿　＿＿＿＿　＿＿＿＿　らしい。

　　1　によって　　　　　　　　　　　　2　高速道路で起きた事故

　　3　数人がけがをして　　　　　　　　4　病院に運ばれた

STEP 1　**選択肢の中から、中心となる文型を見つけよう**

　☞ 中心となる文型がわかれば並び順がわかってくるので、まずは選択肢から文型を見つける。

STEP 2　**文型の前後につながる言葉を探そう**

　☞ 文型ごとに、接続できる品詞や形が決まっているため、それをヒントに考える。また、選択肢だけでなく、その前後の言葉との接続も含めて考えていく。

例題8の解き方

①「1　によって」という文型に注目する。「によって」の前に接続するものは名詞なので、この例題の場合、名詞の「2　高速道路で起きた事故」になる。

②文末の「らしい」の前につながる言葉を探す。動詞のて形は「らしい」につなげられないので、「3　数人がけがをして」ではなく「4　病院に運ばれた」がつながる。

③「1　によって」が原因を表すので、この次にはその結果である「3　数人がけがをして」がつながる。よって、「2　高速道路で起きた事故」「1　によって」「3　数人がけがをして」「4　病院に運ばれた」となり、答えは1である。

STEP 3 完成した文を読んで、きちんと意味が通るか確認しよう

☞ 選択肢の部分だけでなく、その前後とも正しく接続しているか確認する。

☞ 文法的に正しくても、文の意味が通らないこともある。その場合は、もう一度考え直すこと。
自分で読んでみて、文の意味を理解できることを確認してから、答えを記入する。

☞ 「★」の位置は問題によって変わるので、間違えないように注意する。

文章の文法 Text grammar

文章の文法は、長めの文章（評論・エッセイなど）の空欄に合う言葉を選ぶ問題である。文章どうしを正しくつなげたり、文法的に正しい文を完成させたりする能力が問われる。

例題9

以下は、新聞記者が書いた文章である。

　これからは、AI（人工知能）のさらなる進化により、人間とは何かが今まで以上に問われる時代に ▢**1**▢ 。知識をいかに頭に詰め込むかよりも、その知識をどう使うかという能力が問われると思う。そんな時代に、私たちはこれからの時代を担う若者に何を伝えていけるだろうか。政治、経済、社会、科学技術、文化、どれをとっても人の営みを伝えるものがニュースだ。技術や情報、そしてフェイクニュースですら国境を超える ▢**2**▢ 、人と人とのコミュニケーションを一層大切にし、丁寧な取材を心がけ、信頼のできる情報発信に努めていきたい。それは、新しい時代が来ても変わらない。

（ジャパンタイムズ編『英文社説で読む平成』ジャパンタイムズ出版による）

▢**1**▢

1　なっていくだろう
2　なっていくものだ
3　なっていっただろう
4　なっていったものだ

▢**2**▢

1　時代だからといって
2　時代だからこそ
3　時代というと
4　時代によって

STEP 1 空欄の前後の文を読んで、ヒントになる部分を見つけよう

☞ 空欄の前と後がどのような関係かを把握するためのヒントとなる言葉に注目する。以下は
その例である。

①問題提起をする言葉

「〜ではないだろうか」「〜にはどうすべきだろうか」「〜にはどうすればいいだろうか」
など

➡ これらの後には、筆者の考えや主張が述べられることが多い。

②原因・理由を述べる言葉

「〜から」「〜ので」「〜ため」「〜のだ」など

➡ これらの前後には、結果や詳しい説明が述べられることが多い。

③時間の関係を表す言葉

「〜の後」「〜の次に」「〜の前は」「それから」「これから」「以前は」「今後は」など

➡ これらの前後は、現在、過去、将来のどの時点について述べているかに注意して読む。

STEP 2 STEP 1で見つけたヒントに合う選択肢を選ぼう

☞ 例題9の1番の場合、時間の関係を表す言葉に注目する。空欄の前の文の「これからは」と、
空欄の後の文の「問われると思う」から、ここで筆者は、将来のことを想像していること
がわかる。将来のことを想像していることを表すのは、「1 なっていくだろう」である。

☞ 例題9の2番の場合、空欄の前の部分で、筆者は「そんな時代」「これからの時代」に何
を伝えていけるのかについて問題提起をしている。この部分から、この後で筆者は、これ
からの時代に我々がすべきことについて、自らの考えを述べると考えられるので、これか
らの時代を強調する「2 時代だからこそ」が正答となる。

☞ 接続の表現を選ぶ問題が出ることが多いので、意味をきちんと押さえておくこと。

使い方	接続の表現
結論を言う	だから／それゆえ／このように／以上のことから
反対のことを言う	しかし／しかしながら／だが／でも／けれども／それでも／ところが
別の側面について言う	その一方で／他方で／それに対して／それに反して／それとは別に
説明や情報を加える	それに／そして／そのうえ／それに加えて／それだけでなく／ちなみに
他の言葉で言い換える	つまり／すなわち／いわゆる／いわば／言い換えれば／言ってみれば
話題を変える	ところで／さて

例題の答え　例題1　4, 1　例題2　3, 1　例題3　2, 4　例題4　2, 3　例題5　1, 4　例題6　3　例題7　1, 2
例題8　1　例題9　1, 2

言葉を覚えよう１

※＿＿＿＿＿には意味を調べて書きましょう。

文型・表現

□〜がち	＿＿＿＿＿	忙しい日が続くとどうしても部屋の掃除をサボりがちになる。
□〜かというと	＿＿＿＿＿	有名大学を出れば有名企業に入れるかというとそんなことはない。
□〜かと思うと	＿＿＿＿＿	雨がやんだかと思うと、またすぐに降り始めた。
□〜かねない	＿＿＿＿＿	甘いものばかり食べていると病気になりかねない。
□〜かのようだ	＿＿＿＿＿	あこがれの人に告白されるなんて夢でも見ているかのようだ。
□〜からすると	＿＿＿＿＿	服装からするとあの人は警察官のようだ。
□〜からには	＿＿＿＿＿	仕事を引き受けたからには最後まできちんとやり遂げたい。
□〜ことなく	＿＿＿＿＿	先輩は会議に来ても一言も発することなく帰っていった。
□〜最中に	＿＿＿＿＿	試験の最中にお腹が痛くなって全然集中できなかった。
□〜しかない	＿＿＿＿＿	重い病気が見つかり、医者から手術するしかないと言われた。
□〜次第	＿＿＿＿＿	時間がないから、準備ができ次第すぐに出発しよう。
□〜ずじまい	＿＿＿＿＿	けんかした友達に卒業までごめんと言えずじまいだった。
□〜たいものだ	＿＿＿＿＿	入社前にビジネスマナーを身に付けておきたいものだ。
□〜ついでに	＿＿＿＿＿	コンビニに行くついでに手紙をポストに入れてきた。
□〜つつも	＿＿＿＿＿	タバコをやめると言いつつも、いまだに実現できていない。
□〜てはならない	＿＿＿＿＿	自分がされて嫌なことを他人にしてはならない。
□〜ないことには	＿＿＿＿＿	似合うかどうかは、実際に着てみないことにはわからない。
□〜ながらも	＿＿＿＿＿	子どもたちは面倒くさいと言いながらも家事を手伝ってくれる。
□〜なんて	＿＿＿＿＿	日本からアメリカまで泳いで行くなんて、絶対に無理だ。
□〜において	＿＿＿＿＿	現代の生活において、スマホはなくてはならないものだ。
□〜に限らず	＿＿＿＿＿	近所の遊園地は休日に限らず、平日もにぎわっている。
□〜にかけては	＿＿＿＿＿	計算は苦手だが、記憶力にかけては自信がある。
□〜にかわって	＿＿＿＿＿	出張で不在の社長にかわって副社長が挨拶をした。
□〜に先立って	＿＿＿＿＿	引っ越しに先立って、不要なものを処分した。
□〜に沿って	＿＿＿＿＿	天気がいい日は海岸に沿ってドライブすると気持ちがいい。
□〜につき	＿＿＿＿＿	この道路は工事中につき、通り抜けができません。
□〜に伴って	＿＿＿＿＿	都市部の人口の増加に伴って、様々な問題が発生した。
□〜に基づいて	＿＿＿＿＿	試験の結果に基づいて、来学期のクラスが決められた。
□〜向け	＿＿＿＿＿	この食堂は学生向けに安いメニューを提供している。
□〜ようがない	＿＿＿＿＿	その大学の入学試験は特殊で、対策しようがない。
□〜を問わず	＿＿＿＿＿	この薬は年齢を問わず、どなたでも安心して飲めます。

言葉を覚えよう2

※＿＿＿には意味を調べて書きましょう。

名詞

☐ 合間（あいま）　＿＿＿＿＿　私は子育ての合間に翻訳の仕事をしている。

☐ 穴場（あなば）　＿＿＿＿＿　この辺りは釣りの穴場で、珍しい魚がよく釣れる。

☐ お世辞（せじ）　＿＿＿＿＿　この間、歌が上手だと言ったのはお世辞ではなく本音だ。

☐ 陰（かげ）　＿＿＿＿＿　陰で何を言われようと、気にしないほうがいい。

☐ 柄（がら）　＿＿＿＿＿　このバッグは星の柄がかわいいので気に入っている。

☐ 願書（がんしょ）　＿＿＿＿＿　大学に願書を出す前に、先生に内容を確認してもらった。

☐ 生地（きじ）　＿＿＿＿＿　このTシャツは汗をよく吸収する生地でできている。

☐ 共通（きょうつう）　＿＿＿＿＿　初対面の人でも、共通の話題があると話しやすい。

☐ 距離（きょり）　＿＿＿＿＿　車を運転するとき、前の車との距離が近いと危険だ。

☐ 苦情（くじょう）　＿＿＿＿＿　毎晩うるさく騒いでいる隣人に苦情を言いに行った。

☐ 黒字（くろじ）　＿＿＿＿＿　弊社は長年赤字が続いていたが、今年やっと黒字を達成した。

☐ 傾向（けいこう）　＿＿＿＿＿　コンビニのおでんは寒い日によく売れる傾向がある。

☐ 経由（けいゆ）　＿＿＿＿＿　ヨーロッパに行く時は中国経由の便によく乗っている。

☐ サンプル　＿＿＿＿＿　雑誌を見て気になった化粧品のサンプルを取り寄せてみた。

☐ ジャンル　＿＿＿＿＿　子どもの頃から様々なジャンルの音楽に触れてきた。

☐ 塾（じゅく）　＿＿＿＿＿　入りたい大学に入るために、塾に通うことにした。

☐ 瞬間（しゅんかん）　＿＿＿＿＿　5年ぶりに母の顔を見た瞬間、うれしくて涙があふれてきた。

☐ 真実（しんじつ）　＿＿＿＿＿　映画のラスト10分で、隠されていた真実が明らかになった。

☐ スペース　＿＿＿＿＿　新しい部屋は狭すぎてベッドを置くスペースもない。

☐ 性能（せいのう）　＿＿＿＿＿　新発売の車は性能がとてもいいが、値段が高すぎて買えない。

☐ 双方（そうほう）　＿＿＿＿＿　双方の意見が対立し、話し合いはなかなか終わらなかった。

☐ タイミング　＿＿＿＿＿　友達と休みのタイミングが合わず、なかなか会えない。

☐ 賃貸（ちんたい）　＿＿＿＿＿　賃貸のマンションはいつでも引っ越せるのがメリットだ。

☐ 手間（てま）　＿＿＿＿＿　朝は忙しいので、朝食は手間がかからないものを作っている。

☐ 品種（ひんしゅ）　＿＿＿＿＿　桜にはいくつもの品種があり、それぞれ開花時期が異なる。

☐ 見直し（みなおし）　＿＿＿＿＿　間違いがないか何度も見直しをしてからレポートを提出した。

☐ 目安（めやす）　＿＿＿＿＿　生活費を節約するために、一日あたりの食費の目安を決めた。

☐ 面接（めんせつ）　＿＿＿＿＿　アルバイトの面接でも、身だしなみは整えて行くべきだ。

☐ 役目（やくめ）　＿＿＿＿＿　髪の毛には温度変化や紫外線から頭部を守る役目がある。

☐ 夕立（ゆうだち）　＿＿＿＿＿　突然の夕立のせいで、かばんの中まで濡れてしまった。

☐ 割合（わりあい）　＿＿＿＿＿　水としょう油を1対1の割合で混ぜて火にかけた。

第1週 1日目

⏳ 目標解答時間 10分

📅 _____月_____日

漢字読み Kanji reading

_____の言葉の読み方として最もよいものを、1・2・3・4から一つ選びなさい。

1 父はいつも私の気持ちを尊重してくれた。

1 そんじゅう 　　 2 そんちょう 　　 3 ぞんじゅう 　　 4 ぞんちょう

2 玄関（げんかん）に人の気配を感じたが誰（だれ）もいなかった。

1 きはい 　　 2 きばい 　　 3 けはい 　　 4 けばい

3 不注意やスピード違反が交通事故の原因の大半を占めている。

1 しめて 　　 2 うめて 　　 3 さだめて 　　 4 おさめて

4 その俳優の渋い演技に魅了（みりょう）される人は多い。

1 するどい 　　 2 こまかい 　　 3 あわい 　　 4 しぶい

5 手紙を出したが、宛先不明で戻ってきてしまった。

1 あてさき 　　 2 あてざき 　　 3 えんさき 　　 4 えんざき

表記 Orthography

_____の言葉を漢字で書くとき、最もよいものを1・2・3・4から一つ選びなさい。

1 犯人は警察にたいほされた。

1 逮補 　　 2 建補 　　 3 逮捕 　　 4 建捕

2 北海道（ほっかいどう）の冬は寒さがきびしい。

1 寂しい 　　 2 貧しい 　　 3 激しい 　　 4 厳しい

3 地震による被害を受けた地域に多額のきふをした。

1 奇付 　　 2 寄付 　　 3 奇符 　　 4 寄符

4 面接にはせいけつな服を着て行きましょう。

　　1 清潔　　　　　2 清喫　　　　　3 整潔　　　　　4 整喫

5 アイスクリームがとけてしまった。

　　1 解けて　　　　2 融けて　　　　3 溶けて　　　　4 流けて

語形成 Word formation

（　　　　）に入れるのに最もよいものを、1・2・3・4から一つ選びなさい。

1 将来は芸術（　　　）になりたい。

　　1 師　　　　　　2 者　　　　　　3 家　　　　　　4 士

2 （　　　）文化を受け入れることが大事だ。

　　1 擬　　　　　　2 否　　　　　　3 未　　　　　　4 異

3 山田さんは子どもみたいな顔（　　　）だが、実際はもう30歳だ。

　　1 つき　　　　　2 もち　　　　　3 きれ　　　　　4 ぶり

4 ここは静かな住宅（　　　）だ。

　　1 域　　　　　　2 街　　　　　　3 所　　　　　　4 場

5 睡眠不足は子どもの成長に（　　　）影響を与えるらしい。

　　1 乱　　　　　　2 逆　　　　　　3 悪　　　　　　4 苦

⏳ 目標解答時間 10分

📅 ＿＿＿＿月＿＿＿＿日

漢字読み Kanji reading

＿＿＿＿の言葉の読み方として最もよいものを、1・2・3・4から一つ選びなさい。

1 スポーツには速さや得点だけでなく、演技の美しさを競うものもある。

　　1 あらそう　　　　2 きそう　　　　　3 たたかう　　　　4 ねらう

2 先生が鮮やかな色のセーターを着ている。

　　1 あざやか　　　　2 おだやか　　　　3 なごやか　　　　4 はなやか

3 木村さんは車の運転が乱暴であぶない。

　　1 ろんばく　　　　2 ろんぼう　　　　3 らんばく　　　　4 らんぼう

4 素肌に着るなら、綿100％のシャツがよい。

　　1 すばた　　　　　2 すはだ　　　　　3 そばた　　　　　4 そはだ

5 国会での首相の発言に注目が集まった。

　　1 しゅそう　　　　2 しゅうそう　　　　3 しゅしょう　　　　4 しゅうしょう

表記 Orthography

＿＿＿＿の言葉を漢字で書くとき、最もよいものを1・2・3・4から一つ選びなさい。

1 頭痛がひどかったので、医者にみてもらった。

　　1 視て　　　　　　2 観て　　　　　　3 看て　　　　　　4 診て

2 ここは人通りも少なく高い建物もない、花火見物のあなばだ。

　　1 穴場　　　　　　2 究場　　　　　　3 穴揚　　　　　　4 究揚

3 ここ数年、やっと景気がかいふくしてきた。

　　1 快複　　　　　　2 回複　　　　　　3 快復　　　　　　4 回復

18

4 子どもの心身の成長には、けんぜんな食生活は欠かせない。

1　建善　　　　　2　建全　　　　　3　健善　　　　　4　健全

5 そうほうの意見を聞いて判断したい。

1　相方　　　　　2　相法　　　　　3　双方　　　　　4　双法

語形成 Word formation

（　　　）に入れるのに最もよいものを、1・2・3・4から一つ選びなさい。

1 深夜に電話をしてくるなんて、（　　　）常識だ。

1　不　　　　　2　非　　　　　3　無　　　　　4　反

2 この仕事を（　　　）優先でするように、部長に言われた。

1　好　　　　　2　超　　　　　3　最　　　　　4　上

3 サラリーマン（　　　）の男が訪ねてきた。

1　風　　　　　2　型　　　　　3　様　　　　　4　式

4 この学校は大学進学（　　　）がほぼ100％である。

1　度　　　　　2　数　　　　　3　割　　　　　4　率

5 りんごは皮（　　　）食べられる果物だ。

1　ぐるみ　　　　2　とも　　　　3　ずつ　　　　4　ごと

⏳ 目標解答時間　10分

📅 ＿＿＿＿月＿＿＿＿日

漢字読み Kanji reading

＿＿＿＿の言葉の読み方として最もよいものを、１・２・３・４から一つ選びなさい。

1 黒い雲が出てきて、<u>急激</u>に天候が悪化した。

　　1　きゅうけき　　　2　きゅうげき　　　3　きっけき　　　4　きっげき

2 いつか<u>砂漠</u>を旅してみたいです。

　　1　じゃまく　　　2　じゃばく　　　3　さまく　　　4　さばく

3 容器の<u>底</u>に汚れが付いています。

　　1　そこ　　　2　ふた　　　3　おもて　　　4　ふち

4 <u>潔く</u>自分の負けを認めなさい。

　　1　いざぎよく　　　2　いざきよく　　　3　いさぎよく　　　4　いさきよく

5 仕事を<u>完了</u>したら、上司に報告しよう。

　　1　かんりょう　　　2　かんてい　　　3　かくりょう　　　4　かくてい

表記 Orthography

＿＿＿＿の言葉を漢字で書くとき、最もよいものを１・２・３・４から一つ選びなさい。

1 あなたのことが<u>にくくて</u>、こんなことを言っているのではありません。

　　1　増くくて　　　2　憎くくて　　　3　増くて　　　4　憎くて

2 パーティーは<u>せいだい</u>に行われた。

　　1　盛大　　　2　成大　　　3　盛台　　　4　成台

3 効率的な<u>いりょう</u>システムを整えることが必要だ。

　　1　医療　　　2　匿睿　　　3　医療　　　4　医寮

4 彼のようなすばらしい人に出会えた<u>こううん</u>に感謝^{かんしゃ}しています。

1 幸連　　　　　　　2 辛連　　　　　　　3 幸運　　　　　　　4 辛運

5 夏が終わったので、プールの水を<u>ぬいた</u>。

1 緩いた　　　　　　2 抜いた　　　　　　3 貫いた　　　　　　4 拭いた

語形成 Word formation

（　　　　）に入れるのに最もよいものを、1・2・3・4から一つ選びなさい。

1 親切（　　　　）から手伝ったのだが、余計なことをしてしまったようだ。

1 力　　　　　　　　2 念　　　　　　　　3 心　　　　　　　　4 気

2 （　　　　）性能なパソコンを使用しています。

1 良　　　　　　　　2 高　　　　　　　　3 上　　　　　　　　4 極

3 川（　　　　）の道を散歩した。

1 横　　　　　　　　2 元　　　　　　　　3 沿い　　　　　　　4 通り

4 もっと具体（　　　　）のあるプランを提案^{ていあん}してください。

1 性　　　　　　　　2 的　　　　　　　　3 感　　　　　　　　4 化

5 この歌は（　　　　）世界で流行しました。

1 諸　　　　　　　　2 両　　　　　　　　3 各　　　　　　　　4 全

第1週 4日目

漢字読み Kanji reading

_____の言葉の読み方として最もよいものを、1・2・3・4から一つ選びなさい。

1 この機械の操作方法は、説明書に書いてあります。

1 そうさく　　　　2 そうさ　　　　3 こうさく　　　　4 こうさ

2 この店は、豊富な品揃え（しなぞろえ）を売りにしている。

1 こうふ　　　　2 こうふう　　　　3 ほうふ　　　　4 ほうふう

3 その家は誰（だれ）もいないようで、物音ひとつしない。

1 ものおと　　　　2 ものおん　　　　3 ぶつおと　　　　4 ぶつおん

4 割れたガラスの破片で指を切ってしまった。

1 ひかた　　　　2 ひへん　　　　3 はかた　　　　4 はへん

5 ここは昔、貿易の町として栄えた。

1 つかえた　　　　2 さかえた　　　　3 そなえた　　　　4 かかえた

表記 Orthography

_____の言葉を漢字で書くとき、最もよいものを1・2・3・4から一つ選びなさい。

1 予算の関係で、計画をへんこうすることにした。

1 返更　　　　2 返硬　　　　3 変更　　　　4 変硬

2 上司にパーティーの参加者めいぼを作成するよう指示された。

1 名薄　　　　2 名簿　　　　3 名録　　　　4 名禄

3 私の両親は喫茶店をいとなんでいる。

1 営んで　　　　2 経んで　　　　3 商んで　　　　4 業んで

4 大勢の人の前に立つと、はずかしくて顔が真っ赤になってしまう。

1 恥くて　　　　　2 恥しくて　　　　　3 恥かしくて　　　　4 恥ずかしくて

5 上田さんはきようで、細かい作業が得意だ。

1 気用　　　　　2 気易　　　　　3 器用　　　　　4 器易

語形成 Word formation

（　　　）に入れるのに最もよいものを、1・2・3・4から一つ選びなさい。

1 こちらの申込用紙に（　　　）住所と電話番号をご記入ください。

1 今　　　　　2 当　　　　　3 同　　　　　4 現

2 （　　　）規則な生活を続けていると、いつか体を壊しますよ。

1 否　　　　　2 脱　　　　　3 不　　　　　4 過

3 複数の仕事を任されたが、まずは優先（　　　）の高いものから始めることにした。

1 度　　　　　2 率　　　　　3 位　　　　　4 差

4 この地域では使用（　　　）の乾電池は、燃えないゴミとして捨ててください。

1 切り　　　　　2 済み　　　　　3 締め　　　　　4 止め

5 面接（　　　）に志望理由について質問された。

1 家　　　　　2 官　　　　　3 手　　　　　4 師

第1週　5日目

漢字読み Kanji reading

＿＿＿＿の言葉の読み方として最もよいものを、1・2・3・4から一つ選びなさい。

1 　週末は必ず家族全員で食卓を囲むことにしている。

　　1　はさむ　　　　　2　かこむ　　　　　3　くむ　　　　　4　こむ

2 　この川は浅いので飛び込まないでください。

　　1　あさい　　　　　2　せまい　　　　　3　あつい　　　　　4　ふかい

3 　このスーパーは、夕方6時以降になると肉や魚が割引になる。

　　1　かつひき　　　　2　かつびき　　　　3　わりひき　　　　4　わりびき

4 　両親のけんかを仲裁した。

　　1　ちゅうさい　　　2　ちゅうざい　　　3　ちょうさい　　　4　ちょうざい

5 　あなたの率直な意見を聞かせてください。

　　1　すっちょく　　　2　すなお　　　　　3　そっちょく　　　4　そなお

表記 Orthography

＿＿＿＿の言葉を漢字で書くとき、最もよいものを1・2・3・4から一つ選びなさい。

1 　職場の人間関係になやんでいる。

　　1　憎んで　　　　　2　恨んで　　　　　3　悩んで　　　　　4　悔んで

2 　この国は経済成長がいちじるしい。

　　1　者しい　　　　　2　署しい　　　　　3　箸しい　　　　　4　著しい

3 　先週、車の運転免許をしゅとくした。

　　1　手特　　　　　　2　手得　　　　　　3　取特　　　　　　4　取得

4 　この機械はたんじゅんな仕組みでできている。

　　1　単純　　　　　　2　短純　　　　　　3　単順　　　　　　4　短順

5 　駅前のどうぞうの前で待ち合わせしましょう。

　　1　銅造　　　　　　2　銅像　　　　　　3　胴造　　　　　　4　胴像

語形成 Word formation

（　　　　）に入れるのに最もよいものを、1・2・3・4から一つ選びなさい。

1 　日本酒の（　　　　）原料は米である。

　　1　本　　　　　　　2　真　　　　　　　3　主　　　　　　　4　総

2 　この仕事は（　　　　）経験なので不安だ。

　　1　浅　　　　　　　2　無　　　　　　　3　非　　　　　　　4　未

3 　先月は自宅にいる時間が長かったので、光熱（　　　　）が高くなってしまった。

　　1　代　　　　　　　2　費　　　　　　　3　料　　　　　　　4　賃

4 　日本では家に入るとき、靴を脱ぐのが一般（　　　　）だ。

　　1　式　　　　　　　2　感　　　　　　　3　風　　　　　　　4　的

5 　この道には5メートル（　　　　）に木が植えられている。

　　1　つき　　　　　　2　おき　　　　　　3　ぶり　　　　　　4　あき

第2週　1日目

文脈規定 Contextually-defined expressions

（　　　　）に入れるのに最もよいものを、1・2・3・4から一つ選びなさい。

1 　その高校は時代に合わせて校則の一部を（　　　　）した。
　　1　校正　　　　　　2　変換　　　　　　3　改正　　　　　　4　変形

2 　妹は何年も仕事をしないで、今日も（　　　　）寝ている。
　　1　気軽に　　　　　2　のんきに　　　　3　単調に　　　　　4　でたらめに

3 　もっと（　　　　）に話せるようになりたい。
　　1　ニュアンス　　　2　リズム　　　　　3　スムーズ　　　　4　テンポ

4 　初めて恋人の親に会うので、緊張して（　　　　）してしまう。
　　1　そわそわ　　　　2　やれやれ　　　　3　わいわい　　　　4　でれでれ

5 　台風で木が倒れて道が（　　　　）いる。
　　1　とじて　　　　　2　つまって　　　　3　しまって　　　　4　ふさがって

6 　不安だったが、親に（　　　　）本音を言った。
　　1　思い込んで　　　2　思い切って　　　3　思いあがって　　4　思いついて

7 　病院で注射を怖がり、いつも激しく抵抗する娘が、今日は（　　　　）座っていた。
　　1　やかましく　　　2　そうぞうしく　　3　おとなしく　　　4　うらやましく

言い換え類義 Paraphrases

　　　　　の言葉に意味が最も近いものを、1・2・3・4から一つ選びなさい。

1　あらゆる方法を試したが、その実験は成功しなかった。

　　1　最新の　　　　　　2　従来の　　　　　　3　全ての　　　　　4　一部の

2　その歌手の見事な歌声に観客は涙を流した。

　　1　懸命な　　　　　　2　柔らかい　　　　　3　独特な　　　　　4　素晴らしい

3　その店のケーキは評判がいい。

　　1　人気がある　　　　2　値段が高い　　　　3　見た目がいい　　4　味がいい

4　この動物の動きはにぶい。

　　1　かわいらしい　　　2　素早い　　　　　　3　弱々しい　　　　4　のろい

5　足の痛みをこらえて山を降りた。

　　1　やわらげて　　　　2　がまんして　　　　3　忘れて　　　　　4　感じて

文脈規定 Contextually-defined expressions

（　　　）に入れるのに最もよいものを、1・2・3・4から一つ選びなさい。

1 この事件は（　　　）に盛んに取り上げられた。

1　マスコミ　　　　2　マーケット　　　3　コレクション　　　4　プログラム

2 熱で（　　　）している子どもを病院に運んだ。

1　ずっしり　　　　2　ぐったり　　　　3　じっくり　　　　4　ぐっすり

3 この書類ですが、データの数字に間違いがあるので、（　　　）しておいてください。

1　訂正　　　　　　2　公正　　　　　　3　修繕（しゅうぜん）　　　　4　改善

4 さっき先輩に電話番号を教えてもらったので、今晩（　　　）かけてみよう。

1　たちまち　　　　2　とっくに　　　　3　早速　　　　　　4　あらかじめ

5 高橋（たかはし）部長は、お孫さんの誕生（たんじょう）や息子さんの結婚など（　　　）ことが続いている。

1　しめっぽい　　　2　待ち遠しい　　　3　めでたい　　　　4　なさけない

6 教室の窓を開けると、（　　　）な風が廊下（ろうか）へと吹き抜けていった。

1　なだらか　　　　2　さわやか　　　　3　あきらか　　　　4　ゆたか

7 地震などの災害（さいがい）時用の非常食は3日分を（　　　）に準備するといい。

1　目的　　　　　　2　目印　　　　　　3　目次　　　　　　4　目安

言い換え類義　Paraphrases

　　　　＿＿＿の言葉に意味が最も近いものを、１・２・３・４から一つ選びなさい。

1　高山さんはしょっちゅう遅刻をする。

　　1　よく　　　　　　　2　まれに　　　　　　3　たまに　　　　　　4　やや

2　父はくたびれた様子で家を出ていった。

　　1　つかれた　　　　　2　はりきった　　　　3　なまけた　　　　　4　みたされた

3　この二つの言葉は意味がひとしい。

　　1　似ている　　　　　2　異なる　　　　　　3　逆だ　　　　　　　4　同じだ

4　今日の試合の結果はあわれなものだった。

　　1　危うい　　　　　　2　くだらない　　　　3　気の毒な　　　　　4　好調な

5　かげで悪口を言うのはよくない。

　　1　その人がいない場所　　　　　　　　　2　その人に聞こえる場所

　　3　日光が当たらない場所　　　　　　　　4　大勢がいる場所

第2週 3日目

文脈規定 Contextually-defined expressions

（　　　　）に入れるのに最もよいものを、1・2・3・4から一つ選びなさい。

1 子どもの（　　　　）ないたずらに対して、本気で怒ってしまった。
1 平凡（へいぼん）　　　　2 純情　　　　3 無邪気（むじゃき）　　　　4 不器用

2 そんな（　　　　）服装で会社に来ないでください。
1 身近な　　　　2 ずうずうしい　　　　3 滑らかな（なめ）　　　　4 だらしない

3 温泉旅館でゆっくり過ごして、大変（　　　　）できました。
1 ミックス　　　　2 オーバー　　　　3 リラックス　　　　4 カバー

4 外国から帰ってきたら、時間の感覚がすっかり（　　　　）しまった。
1 狂って　　　　2 破れて　　　　3 交わって　　　　4 外れて

5 一郎（いちろう）くんと奈々子（ななこ）さんは新婚（　　　　）のカップルだ。
1 にやにや　　　　2 ほやほや　　　　3 ぎりぎり　　　　4 ふわふわ

6 （　　　　）その日は忙しいので、翌日うかがってもよろしいでしょうか。
1 せっかく　　　　2 しばらく　　　　3 ながらく　　　　4 あいにく

7 この（　　　　）は暖かいので、3月の初めには桜（さくら）が咲きはじめるそうだ。
1 地方　　　　2 方向　　　　3 分野　　　　4 団体

言い換え類義 Paraphrases

_____の言葉に意味が最も近いものを、1・2・3・4から一つ選びなさい。

1 友人のあのような発言を聞いて、失望しました。

1 がっかりしました 2 おかしいと思いました

3 勇気が出ました 4 驚きました

2 毎日あわただしく過ごしています。

1 平和に 2 健康に 3 忙しく 4 楽しく

3 新しい薬を使ったら、いくらか効果があった。

1 非常に 2 予想以上に 3 いつの間にか 4 ある程度

4 その人は私に真実を教えてくれた。

1 願い事 2 本当のこと 3 正しい方法 4 得な情報

5 小学生のお小遣いとして、月に1000円くらいは妥当だと思います。

1 当たり前だ 2 多すぎる 3 適切だ 4 少なすぎる

⌛ 目標解答時間　10分

📅 ＿＿＿＿月＿＿＿＿日

文脈規定 Contextually-defined expressions

（　　　）に入れるのに最もよいものを、1・2・3・4から一つ選びなさい。

1 小さな子どもが何人も殺されるという（　　　）な事件が起きた。
　1　ユニーク　　　　　2　チェック　　　　　3　ショッキング　　4　パック

2 明日も早いんだから、（　　　）寝なさい。
　1　さっさと　　　　　2　せっせと　　　　　3　そっと　　　　　4　ほっと

3 深刻な失業問題を（　　　）ために、3兆円もの予算が組まれた。
　1　解約する　　　　　2　解決する　　　　　3　解説する　　　　4　解散する

4 自分で宿題をせずに、友達にやらせるのは（　　　）。
　1　おしい　　　　　　2　あらい　　　　　　3　きよい　　　　　4　ずるい

5 事故に遭い、一時は意識もなく（　　　）だったが、なんとか目を覚ました。
　1　貴重　　　　　　　2　慎重　　　　　　　3　重心　　　　　　4　重体

6 （　　　）少しの間でいいので、荷物を持っていてくれませんか。
　1　ほんの　　　　　　2　たったの　　　　　3　わずかに　　　　4　たんに

7 このフックについている磁石はとても（　　　）で、20kgの重さまで耐えられます。
　1　強気　　　　　　　2　強大　　　　　　　3　強力　　　　　　4　強引

言い換え類義 Paraphrases

　　　　＿＿＿の言葉に意味が最も近いものを、1・2・3・4から一つ選びなさい。

1 厳しい現状を<ruby>厳<rt>きび</rt></ruby>しい現状をなげくよりも、それをどう改善していくかを考えるべきだ。
　　1　気にする　　　　2　悲しむ　　　　3　<ruby>後悔<rt>こうかい</rt></ruby>する　　　4　反省する

2 友人からおそろしい話を聞いた。
　　1　おもしろい　　　2　くやしい　　　3　こわい　　　　4　うまい

3 自分はどちらかというと、陽気な性格だと思う。
　　1　明るい　　　　　2　おおざっぱな　3　あたたかい　　4　生意気な

4 みんなで集まり、故人について語り合った。
　　1　特別な人　　　　　　　　　　　2　偉大な人
　　3　よく知っている人　　　　　　　4　亡くなった人

5 <ruby>田村<rt>たむら</rt></ruby>さんはいつも遅刻してくるが、案の定、今日も遅れてやってきた。
　　1　やはり　　　　　2　ようやく　　　3　しきりに　　　4　いっせいに

第2週 5日目

⏳ 目標解答時間 10分

📅 _____月_____日

文脈規定 Contextually-defined expressions

（　　　）に入れるのに最もよいものを、1・2・3・4から一つ選びなさい。

1 バイト先の山岸先輩は（　　　）なので、仕事が早い。
　1　ベテラン　　　　　2　テクニック　　　　3　アドバイス　　　4　コントロール

2 どんなに寒い日でも、このスープを飲むと体が（　　　）する。
　1　ぶかぶか　　　　　2　いらいら　　　　　3　にこにこ　　　　4　ぽかぽか

3 茹でたじゃがいもを（　　　）サラダを作った。
　1　刈って　　　　　　2　つぶして　　　　　3　区切って　　　　4　傷つけて

4 子どもが「大人になったらお母さんを守るよ。」と（　　　）ことを言ってくれた。
　1　詳しい　　　　　　2　甚だしい　　　　　3　頼もしい　　　　4　ふさわしい

5 この電子辞書は高かったが、（　　　）がいいので満足している。
　1　価値　　　　　　　2　性能　　　　　　　3　知恵　　　　　　4　才能

6 あんなに仲がよかった大学の友人と、卒業後（　　　）会わなくなった。
　1　うっとり　　　　　2　くっきり　　　　　3　めっきり　　　　4　ぎっしり

7 ベッドを新しいものに変えたら、とても（　　　）でよく眠れる。
　1　快適　　　　　　　2　的確　　　　　　　3　上品　　　　　　4　高度

言い換え類義　Paraphrases

　　　＿＿＿＿の言葉に意味が最も近いものを、１・２・３・４から一つ選びなさい。

1 田中さんは絶えず笑顔でクラスの雰囲気を明るくしてくれる。
　　1　なるべく　　　　2　やがて　　　　　3　ずいぶん　　　　4　いつも

2 今日は単語をたくさん暗記した。
　　1　調べた　　　　　2　覚えた　　　　　3　練習した　　　　4　試験した

3 社長は珍しい柄のネクタイを何本も持っている。
　　1　模様　　　　　　2　形　　　　　　　3　様子　　　　　　4　生地

4 彼らは、険しい山道を何時間も歩き続けてやっと頂上に着いた。
　　1　巨大な　　　　　2　急な　　　　　　3　苦しい　　　　　4　限りない

5 80歳の祖父は活発な人で、毎日仲間と出かけていく。
　　1　特殊な　　　　　2　若々しい　　　　3　元気な　　　　　4　勇ましい

第3週 1日目

用法 Usage

次の言葉の使い方として最もよいものを、1・2・3・4から一つ選びなさい。

1 当てはまる

1 彼の趣味は音楽鑑賞で、私の趣味とよく当てはまる。

2 条件に当てはまるものを選んで丸で囲んでください。

3 慣れない海外生活にもだんだん当てはまってきた。

4 この靴はぴったりと私の足に当てはまって歩きやすい。

2 近々

1 太ってきたので、近々ジョギングを始めた。

2 留学をするので、近々英語の勉強をしています。

3 近々できあがりますので、そこに座ってお待ちください。

4 近々お会いできることを楽しみにしています。

3 取材

1 若者に人気のファッションモデルを取材した。

2 ジャムを作るのに、木からりんごを取材した。

3 警察に昨夜の行動を細かく取材された。

4 参考書から取材してレポートにまとめた。

4 行方

1 外国で地図もなく、行方に迷ってしまった。

2 先生と進路の行方について話し合った。

3 3年前から兄の行方がわからない。

4 そろそろ次の旅行の行方を決めましょう。

5 しつこい

1 あの先生は教え方がしつこくてわかりやすいので、学生から人気がある。

2 外がうるさいので窓を閉めたが、車の音がしつこく聞こえてくる。

3 別れた恋人からしつこく電話がかかってきて困っている。

4 疲れていたのか、今日は久しぶりにしつこく寝てしまった。

文の組み立て　Sentence composition

次の文の　★　に入る最もよいものを、１・２・３・４から一つ選びなさい。

1　今朝は本当にありがとう。田村さんに電話で＿＿＿　★　＿＿＿　＿＿＿よ。

1　寝坊して遅刻する　　　　　　2　起こして

3　ところだった　　　　　　　　4　もらえなかったら

2　彼女はこのごろ、有名企業の社長＿＿＿　＿＿＿　★　＿＿＿彼女の誠実な生き方を

尊敬している。

1　私は昔と　　　　　　　　　　2　何も変わらない

3　として知られる　　　　　　　4　ようになってきたが

3　最近、悪いことばかり　★　＿＿＿　＿＿＿　＿＿＿気がする。

1　友人と話しているうちに　　　2　続いていたので

3　嫌なことを忘れられた　　　　4　誰にも会いたくなかったが

4　なかなか勝てなかったそのチームは、新しく就任した＿＿＿　★　＿＿＿　＿＿＿

優勝した。

1　指導のもと　　　　　　　　　2　監督の熱心な

3　ついに全国大会で　　　　　　4　必死に練習をして

5　奨学金に応募した２人はどちらもまじめな学生だが、＿＿＿　＿＿＿　★　＿＿＿

ふさわしいと言えるだろう。

1　もらうに　　　　　　　　　　2　からいうと

3　ゴックさんのほうが奨学金を　4　今学期の成績

37

第3週 2日目

目標解答時間 10分

_____月_____日

用法 Usage

次の言葉の使い方として最もよいものを、1・2・3・4から一つ選びなさい。

1 転送

1 できあがった料理は、すぐにお客様のテーブルに<u>転送</u>してください。

2 父の胃癌は、手術後1年で再発したばかりでなく、肺にも<u>転送</u>していた。

3 郵便局には、転居届を出すと新しい住所に手紙を<u>転送</u>してくれるサービスがある。

4 近くで火事があり、消防士らは学校のプールから水を<u>転送</u>して消火活動を行った。

2 差し引く

1 体によくないですから、お酒やたばこは<u>差し引いて</u>ください。

2 給料は税金や保険料を<u>差し引いた</u>額が支払われる。

3 面接でははっきりと話さないと、<u>差し引いた</u>評価をされる。

4 明るすぎて眠れないので、ランプの光を<u>差し引いて</u>くれませんか。

3 冷静

1 緊急時こそあわてずに、<u>冷静</u>に行動できるようにしたいものだ。

2 東京での仕事にもずいぶん慣れて、生活も<u>冷静</u>になってきた。

3 意見が対立してまとまらないので、少し休憩をして<u>冷静</u>にしよう。

4 嫌なことがあっても、国の両親と話すと安心して<u>冷静</u>に眠れる。

4 品種

1 今年の新入社員は活気があり、<u>品種</u>がいい。

2 特にどんな<u>品種</u>のスポーツが好きですか。

3 このぶどうは高温や乾燥に強い<u>品種</u>で育てやすい。

4 このレストランは<u>品種</u>が多いし、安いので人気がある。

5 徐々に

1 風も冷たくなり、木の葉が赤くなりはじめ、<u>徐々に</u>秋になった。

2 退院したばかりですから無理をせず、<u>徐々に</u>元の生活に戻してください。

3 この道は子どもも多いし、道幅も狭いので、<u>徐々に</u>運転してください。

4 田舎からりんごが送られてきたので、両隣の部屋の人に<u>徐々に</u>あげた。

文の組み立て Sentence composition

次の文の　★　に入る最もよいものを、1・2・3・4から一つ選びなさい。

1 　桜並木をゆっくりと一人で散歩するのもいいが、みんなそれぞれ好きな　＿＿＿　★＿＿＿　＿＿＿　＿＿＿　のが、春の一番の楽しみである。

1　つつ　　　　　2　桜を眺める　　　3　おしゃべりし　　4　酒を買ってきて

2 　親が反対している　＿＿＿　＿＿＿　★＿＿＿　＿＿＿　だろう。

1　ざるを得ない　　　　　　　　2　以上

3　進学をあきらめて　　　　　　4　進路を変え

3 　妻が楽になるだろうと思い、家事を手伝ったが、＿＿＿　★＿＿＿　＿＿＿　＿＿＿　と、ひどく怒られてしまった。

1　ほうがましだ　　2　やらない　　　3　どころか　　　4　感謝される

4 　信号機の故障により、電車の運行を停止しております。安全が　＿＿＿　＿＿＿　＿＿＿　★＿＿＿　＿＿＿　いたしますので、もうしばらくお待ちください。

1　運転を　　　　2　次第　　　　3　再開　　　　4　確認され

5 　スピーチ大会で優勝できる　＿＿＿　＿＿＿　★＿＿＿　＿＿＿　はしっかりしておくべきだ。

1　はともかく　　　　　　　　2　後悔しないように

3　かどうか　　　　　　　　　4　準備

第3週 3日目

用法 Usage

次の言葉の使い方として最もよいものを、1・2・3・4から一つ選びなさい。

1 そそっかしい

1 彼は寝坊をして、そそっかしく準備して出かけていった。

2 出会って1か月の人と結婚するなんて、そそっかしいと思う。

3 緊張してそそっかしくなったときは、深く呼吸をするとよい。

4 コーヒーに間違えて塩を入れるなんて、そそっかしいね。

2 援助

1 あの子どもは両親をよく援助していて偉い。

2 家を買う際、貯金が足りず、親に援助してもらった。

3 この新しい機械は床の掃除を援助します。

4 学生が大学選びについて相談に来たので、快く援助した。

3 お世辞

1 お世話になった先生方に、心を込めてお世辞を書いた。

2 数学の試験で百点満点を取って、父親にお世辞を言われた。

3 あの人は先輩に気に入られようとして、お世辞を言っている。

4 お客様からのお世辞を参考にして、新しいメニューを考えました。

4 引き受ける

1 野口先生は、現在中学1年生の英語の授業を引き受けています。

2 村田くんの提案を引き受けて、旅行先は大阪に決まりました。

3 今回のイベントの責任者は、岩本さんに引き受けます。

4 一度引き受けた仕事は、きちんと終わらせます。

5 深刻

1 この前の大雨で、この町には深刻な被害が出た。

2 彼は毎日深刻に勉強しているので、きっと合格するでしょう。

3 年末には深刻な掃除をして、きれいな部屋で新年を迎えよう。

4 一週間も深刻に逃げ続けたどろぼうが、やっと逮捕された。

文の組み立て　Sentence composition

次の文の　★　に入る最もよいものを、1・2・3・4から一つ選びなさい。

1　確かに明日の会議は重要だけど、体のほうが　＿＿＿　＿＿＿　★　＿＿＿　いいよ。

　　1　無理してまで会社に　　　　　　　2　来なくて
　　3　そんなに高い熱があるなら　　　　4　大切だから

2　子どもに　＿＿＿　＿＿＿　★　＿＿＿　新しいのではなくて、中古です。

　　1　買って　　　　　2　車を　　　　　3　いっても　　　　4　やったと

3　まだ　＿＿＿　★　＿＿＿　＿＿＿　感心した。

　　1　知っているなんて　　　　　　　　2　7歳なのに
　　3　立派なものだと　　　　　　　　　4　こんな言葉を

4　このイベントは屋外で行われるので　＿＿＿　★　＿＿＿　＿＿＿　ご参加ください。

　　1　で　　　　　　2　に応じた　　　　3　天候　　　　4　服装

5　古い都として有名なこの街に　＿＿＿　★　＿＿＿　＿＿＿　行きたい。

　　1　来たからには　　　2　お寺や神社を　　　3　一度は見に　　　4　歴史のある

⏳ 目標解答時間 10分

📅 ＿＿＿＿月＿＿＿＿日

用法 Usage

次の言葉の使い方として最もよいものを、1・2・3・4から一つ選びなさい。

1 保留

1 そちらの商品、今度店に行くときまで保留していただけませんか。

2 名前が呼ばれるまで、しばらく待合室で保留していてください。

3 ご提案いただいた企画については、いったん保留し、後日またお返事いたします。

4 本日行われる予定だったマラソン大会は、大雨のため保留することになりました。

2 見かける

1 周りを見かけても、店のひとつもなかった。

2 長年探していた本を、先日やっと見かけた。

3 彼らは双子らしい。どうりで見かけるほどそっくりなわけだ。

4 休日に駅で同僚を見かけたが、声はかけなかった。

3 ゆるい

1 この靴はゆるくて、走るとすぐに脱げてしまう。

2 大山さんはとても心がゆるい人で、いつも笑っている。

3 このソファー、とてもゆるくて、気持ちがいいですね。

4 温泉に入って、すっかりゆるい気持ちになった。

4 やっかい

1 この傘は小さくて持ち運ぶのにやっかいですよ。

2 私の先輩は後輩にやっかいな仕事をやらせ、自分だけ楽をしようとする。

3 隣の部屋から、大勢で騒いでいるようなやっかいな声がする。

4 誕生日にやっかいなプレゼントをもらって、とてもうれしかった。

5 当分

1 骨折したので、当分、運動はできないと医者に言われた。

2 疲れたから、喫茶店で当分休憩することにしよう。

3 当分、受付でお名前をお書きください。それから、あちらのお席でお待ちいただけますか。

4 当分勉強して、ついに試験に合格することができた。

文の組み立て Sentence composition

次の文の ___★___ に入る最もよいものを、1・2・3・4から一つ選びなさい。

1 苦しそうな表情で _____ _____ ___★___ _____ に感動した。

   1 必死にゴールまで走る　　　　　　2 浮かべながらも
   3 目に涙を　　　　　　　　　　　　4 マラソン選手の姿

2 映画賞をいくつも _____ _____ ___★___ _____ とてもおもしろかった。

   1 受賞した　　　　2 だけあって　　　3 その映画は　　　4 という

3 これから就職試験に向かう友人は、_____ _____ ___★___ _____ ので、さすがに
   注意した。

   1 遊びに行く　　　　　　　　　　　2 面接に行く
   3 ような服装だった　　　　　　　　4 というより

4 最後までやり通すと約束したんだから、_____ _____ ___★___ _____ でしょう。

   1 わけにはいかない　　　　　　　　2 あきらめる
   3 ところで　　　　　　　　　　　　4 こんな

5 祖父は、エアコンは体に悪いと信じ込んでおり、気温が _____ _____ ___★___ _____、
   扇風機だけで過ごしているそうだ。

   1 夏の日　　　　　2 を超える　　　3 30度　　　　　　4 でさえ

第3週 5日目

用法 Usage

次の言葉の使い方として最もよいものを、1・2・3・4から一つ選びなさい。

1 起動

1 早朝に起きた事故が原因で長時間止まっていた電車が、やっと起動した。

2 昨晩寝るのが遅かったため、今朝はなかなか起動できなかった。

3 我が社は、田舎暮らしを応援するための新しい計画を起動します。

4 このパソコンは古く、起動するのに時間がかかるので、最新の機種に変えたい。

2 すれ違う

1 この道路と線路がすれ違うところに踏切があり、毎朝混雑している。

2 デパートで買い物をしていたら、人気のタレントとすれ違った。

3 道が渋滞してバスは止まっていたが、バイクは後ろからすれ違っていった。

4 彼が投げた雪のボールが、私の顔のすぐ横をすれ違っていった。

3 まぶしい

1 窓の近くにチョコレートを置いていたら、まぶしくて溶けてしまった。

2 枯れそうな植物に日光をまぶしく当てたら元気になった。

3 今日は太陽がまぶしいので、サングラスをかけた。

4 大雪でも信号が見やすいように、その信号機はまぶしくしてある。

4 合間

1 1か月半の夏休みの合間は帰省して、ずっとのんびりしていました。

2 私が通学に使っている電車の合間は1時間に1本なので、乗り遅れたら大変だ。

3 パスポートの申請から受け取りまでの合間は、約1週間です。

4 仕事の合間にコーヒーを飲んでリラックスするのが私の習慣だ。

5 物騒

1 近くの店に強盗が入り、犯人がまだ捕まっていないので、この辺りは物騒だ。

2 近ごろは雨が多く物騒なので、毎日傘を持ち歩いている。

3 この2か月間ずっと体調が悪く、物騒なので病院へ行くことにした。

4 今日は外の階段が凍っていて物騒なので気を付けてください。

文の組み立て　Sentence composition

次の文の　★　に入る最もよいものを、1・2・3・4から一つ選びなさい。

1　本日の説明会では、皆様にお配り　＿＿＿＿　＿＿＿＿　★　＿＿＿＿　いきます。

　　1　に沿って　　　　　2　ご説明して　　　3　した　　　　　4　資料

2　今日はお客様と打ち合わせの予定だったが、大雪の　＿＿＿＿　★　＿＿＿＿　＿＿＿＿　なかっ
たので、日程を変更してもらった。

　　1　行きようが　　　　　　　　　　　2　影響で
　　3　電車が止まり　　　　　　　　　　4　打ち合わせの場所へ

3　元気がないようだけど、面接での質問に的確に　＿＿＿＿　＿＿＿＿　＿＿＿＿　★　そんなに
落ち込む必要はないよ。

　　1　からといって　　　　　　　　　　2　不合格
　　3　答えられなかった　　　　　　　　4　とは限らないんだから

4　有名なこの祭りは　＿＿＿＿　★　＿＿＿＿　＿＿＿＿　の観光客が来る。

　　1　にわたって　　　　2　数日間　　　　3　行われ　　　　4　毎年約100万人

5　この会議では全員の意見が聞きたいので、新入社員の皆さんも遠慮せず、＿＿＿＿　★　
＿＿＿＿　＿＿＿＿　と思っています。

　　1　ままに　　　　　　2　発言して　　　3　もらいたい　　4　思う

第4週　1日目

文法形式の判断　Selecting grammar form

次の文の（　　　）に入れるのに最もよいものを、1・2・3・4から一つ選びなさい。

1　この歌を聞くと母を（　　　）。

　1　思い出してみせる　　　　　　　2　思い出すほどのことなのか

　3　思い出すというものだ　　　　　4　思い出さずにはいられない

2　その事故の原因は明らかに（　　　）つつある。

　1　なる　　　　　　　2　なり　　　　　　　3　なら　　　　　　　4　なろう

3　先輩は長期（　　　）ストレスで精神を病んでしまった。

　1　にわたる　　　　　2　に限り　　　　　　3　につき　　　　　　4　に応じて

4　「パーティーに参加する」と言ったことは言ったが、（　　　）。

　1　楽しみでしかたがない　　　　　2　あまり気が進まない

　3　楽しまないわけにはいかない　　4　やはり行こうとは言えなかった

5　友人はその写真を見て（　　　）げに笑った。

　1　さびしい　　　　2　さびしく　　　　3　さびし　　　　4　さびしさ

6　上司「やまと食品の青木（あおき）社長のことは知っている？」

　　部下「はい、お名前は（　　　）おります。」

　1　ご存じで　　　　　2　存じ上げて　　　　3　申して　　　　4　申し上げて

7　彼女は、そのことをまるで初めて聞いた（　　　）驚（おどろ）いていた。

　1　かと思うと　　　　2　かと思えば　　　3　からには　　　　4　かのように

8　どこにでも（　　　）、どこに行きたいですか。

　1　行ったことがあるとしたら　　　2　行こうとすれば

　3　行けるとしたら　　　　　　　　4　行ってみようとすれば

9 石川「この魚は本当においしいですね。」

　　松田「ええ、新鮮ですから。（　　　）安かったんですよ。」

　　1　しかも　　　　　　2　ただ　　　　　　3　要するに　　　　4　すなわち

10　客　「無理を言ってすみませんが、この冷蔵庫をあさってまでに家に（　　　）。」

　　店員「かしこまりました。」

　　1　お着きになりますか　　　　　　　2　お渡しくださいますか

　　3　届けていただけませんか　　　　　4　受けていただけないでしょうか

11　あのとき、謝って（　　　）いれば、恋人と別れずに済んだかもしれない。

　　1　のみ　　　　　　2　こそ　　　　　　3　すら　　　　　　4　さえ

12　何年も（　　　）、ひどい演奏だった。

　　1　練習していただけあって　　　　2　練習してきたにしては

　　3　練習不足に反して　　　　　　　4　練習嫌いにとっては

文章の文法 Text grammar

次の文章を読んで、文章全体の内容を考えて、 1 から 5 の中に入る最もよいものを、1・2・3・4から一つ選びなさい。

1   　　　　　　　　　　　　　　母の買い物

　　母は昔から買い物が好きだ。といっても、決して贅沢をして自分の服や靴を買うのではなく、家族のための買い物を楽しんでいるのだ。私も子どものころはよく母に買い物に連れて行かれ、いろいろなものを 1 。

5 　　だが、そんな家族思いの母にも困った一面がある。「安売り」という言葉に弱く、安売りをしている店を見つけると、必要以上に買い込んでしまうのだ。 2 、安売りをしているときにたくさん買っておかないと、損をした気分になるからだそうだ。特に、毎日使う日用品は安いときにまとめて買ったほうが得だからと、いつも大量に買ってきては満足そうな顔をする。しかし、結局家には大量のゴミ袋やタオルなどが、もう何年

10 も棚いっぱいにしまい込まれたまま、 3 置いてある。

　　ある日、母はいつものように両手に持ちきれないほどの日用品を買い込んで帰ってきた。しかし、いつもの満足そうな表情とは違い、少々不機嫌そうだった。どうやら先週安売りで買った洗剤が、その日はさらに安くなっていたらしい。 4 悔しかったのか、母はその日、寝るまでずっと文句を言っていた。

15 　　去年、私が実家を出て東京に引っ越すことになったとき、母に「これ持っていって。」とたくさんの日用品を渡された。私は「ありがとう。でもお母さんはいつも買いすぎるから、これからは自分たちが使う分だけ買うようにしてよ。」と言った。母は「そうだね。たくさん 5 ね。」と言って、笑っていた。

　　東京で一人暮らしを始めて、今月で1年になる。トイレットペーパーがなくなったり、

20 電球が切れたりして、あわててコンビニに買いに走ることがよくある。今では"母の買い物"がありがたく思えてならない。

（注）　実家：親が住んでいる家。自分が生まれた家

1

1　買ってもらったものだ　　　　2　買わされるはずだった

3　買ってあげたそうだ　　　　　4　買うわけではなかった

2

1　もしくは　　　　2　とはいえ　　　3　それには　　　　4　なぜなら

3

1　使い込んで　　　　　　　　　2　使い続けて

3　使い切れずに　　　　　　　　4　使いがいがあって

4

1　むしろ　　　　　2　よほど　　　3　いちおう　　　4　あいにく

5

1　あるわけではない　　　　　　2　あるということだ

3　あればいいのかもしれない　　4　あればいいというものではない

第4週 2日目

目標解答時間 15分

_____月_____日

文法形式の判断 Selecting grammar form

次の文の（　　　）に入れるのに最もよいものを、1・2・3・4から一つ選びなさい。

1　試験は以上で終わりです。（　　　）、結果は1週間後にメールでご連絡いたします。
  1　なお　　　　　　2　したがって　　　3　さらに　　　　4　すなわち

2　人は、実際に相手と同じ経験をして（　　　）、相手の気持ちに気が付かないことが多い。
  1　でも　　　　　　2　からこそ　　　　3　からでないと　　4　はじめて

3　ビジネスを学ぶ（　　　）、法律を学ぶ（　　　）、なぜ学ぶのか目的を持たないと失敗する。
  1　にしろ／にしろ　2　であれ／であれ　3　につけ／につけ　4　やら／やら

4　金澤先生は厳しい。この先生の授業で居眠り（　　　）ものなら、あとでどれだけ課題を与え
  られるかわからない。
  1　する　　　　　　2　して　　　　　　3　できる　　　　4　しよう

5　自信がないからといってやらないのでは、何の成長も期待できない。成長を強く求めるのなら、
  一度思い切ってやってみる（　　　）。
  1　ことか　　　　　2　ことだ　　　　　3　わけだ　　　　4　ものか

6　（会社で）
  佐藤「木村部長、10時にお約束のお客様が（　　　）。」
  部長「じゃ、会議室にお通しして。」
  1　おうかがいしました　　　　　　　2　お見えになりました
  3　お目にかけました　　　　　　　　4　お通りになりました

7　せっかく休みを取って出かけた日（　　　）、どの店も休みだったり、混んでいたりする。私
  は本当に運がない。
  1　に限って　　　　2　だけに　　　　　3　にしたら　　　4　次第で

8 営業部の森さんは忙しいらしく、会社に（　　　）また次の営業先に出かけていった。

1　戻ってきたところに　　　　　　　2　戻ってきたかと思ったら

3　戻ってくるにしたって　　　　　　4　戻ってくるかというと

9 （学校の職員室で）

校長「山田先生のクラスのサリナさん、最近休み（　　　）ではないですか。」

山田「ええ、そうなんです。今日も休んでいるので家庭訪問をしてみます。」

1　っぽい　　　　　2　きり　　　　　3　づめ　　　　　4　がち

10 この店は何を食べてもうまい。さすが料理長が一流レストランで長年働いていた（　　　）。

1　ということもない　　　　　　　　2　かいがある

3　のではあるまいか　　　　　　　　4　だけのことはある

11 何度もイベントの企画書を書き直しさせられた（　　　）、予算が通らなかったとして、部長

から中止を言い渡された。

1　せいで　　　　　2　あまり　　　　　3　あげく　　　　　4　くせに

12 （会社の電話で）

A社社員「申し訳ございません。上田はただいま外出しております。よろしければ、ご用件を

（　　　）が。」

B社社員「ありがとうございます。では、電話があったことだけお伝えください。」

1　承ります　　　　　2　承知します　　　　3　かしこまります　　4　おっしゃいます

文章の文法 Text grammar

次の文章を読んで、文章全体の内容を考えて、 1 から 5 の中に入る最もよいものを、1・2・3・4から一つ選びなさい。

---

1   ヘアドネーション

　　先日、テレビ番組で、ある目的をもって自分の髪を腰まで伸ばしている小学生の男の子が紹介されていました。その目的は"ヘアドネーション"です。

　　"ヘアドネーション"とは病気や事故などで髪の毛を失った18歳以下の子どものために、

5　寄付された髪の毛でウイッグを作り、無料で提供するボランティア活動の　1　です。あ
　　　　　　　　　　　　　　　　　　　　　（注1）
まり知られていなかったボランティア活動でしたが、2015年にある人気女優が自分の髪を寄付したことで、女性たちの間で話題になり、今や子どもたちの間にも　2　。

　　このボランティア活動は、年齢や性別　3　、一定の髪の長ささえあれば誰でも参加できます。しかし、　4　、髪の長さや服装など、世間の男女を区別する意識はいま

10　だ強く、最初に紹介した男の子も、女の子みたいだとクラスメートにからかわれて嫌だと感じることもあったそうです。それでも、「つらい思いをしながら待っている子がいると思い、伸ばし続けてきた」と言っていました。小学生ながら、なぜ自分がそのボランティア活動をするのか、なぜ自分の行動が必要なのか、自分の行動がどう社会や人に関係していくのかをよく考えているものだと感心しました。

15　　日本では1995年の阪神淡路大震災をきっかけに、ボランティア活動という言葉が知ら
　　　　　　　　　（注2）
れるようになりました。それから25年以上がたった現在でも、ボランティアをすることは何か特別なことだという意識がまだどこかにあります。しかし、この男の子のように、多くの人が「　5　」と考えるようになれば、より豊かな社会になるのではないでしょうか。

（注1）　ウイッグ：髪型を変えたり、髪の毛が抜けた頭をかくしたりするために、頭髪に似せて作ったもの。かつら
（注2）　阪神淡路大震災：1995年に発生したマグニチュード7.2の地震

1

1　こと　　　　　　2　もの　　　　　　3　わけ　　　　　　4　次第

2

1　広がりかねません　　　　　　　　2　広がったに違いありません

3　広がりつつあるようです　　　　　4　広がっているかのようです

3

1　に限らず　　　2　を問わず　　　3　にもかかわらず　　4　のみならず

4

1　その上　　　　2　その一方で　　　3　そのため　　　4　それどころか

5

1　男らしさや女らしさを気にする必要はない

2　自分は社会や人に大きな影響を与えられるはずだ

3　特別なことをすることこそボランティア活動の意義だ

4　困っている誰かのために自分ができることをしたい

第4週 3日目

文法形式の判断 Selecting grammar form

次の文の（　　　）に入れるのに最もよいものを、1・2・3・4から一つ選びなさい。

---

1 この本は大人（　　　）なので、中学生には難しいかもしれない。

1　気味　　　　　　　2　向け　　　　　　　3　がち　　　　　　　4　っぽい

2 妹は（　　　）何でも自分でやりたいと言うので、僕は困ってしまう。

1　できないくせに　　2　できつつも　　　　3　できるわりに　　　4　できるばかりか

3 あの人にもう一度（　　　）ものなら、ぜひ会いたいです。

1　会おう　　　　　　2　会う　　　　　　　3　会った　　　　　　4　会える

4 石田さんは成績優秀だ。（　　　）スポーツもよくできる。

1　というのは　　　　　　　　　　　　　　2　あるいは

3　それはかりでなく　　　　　　　　　　　4　それにひきかえ

5 山下さんは車を運転して来たと聞いていたから、（　　　）と思って勧めなかった。

1　お酒は飲むまい　　　　　　　　　　　　2　お酒を飲まざるを得ない

3　お酒は飲みがたい　　　　　　　　　　　4　お酒を飲むものだ

6 甘いものが大好きな佐々木さんの（　　　）、きっと今日もおいしいケーキを買ってきてくれるよ。

1　はずだから　　　2　ことだから　　　3　ようなので　　　4　もので

7 社長「誰か私の傘を見ませんでしたか。」

　　部下「こちらに（　　　）。」

1　おります　　　　2　お見せします　　　3　いたします　　　4　ございます

8 私の父は釣り（　　　）、何時間でも話し続ける。

1　のことになると　　2　とあっては　　　3　のことだけに　　4　ときたら

---

9 サルたちが食べ物（　　　）けんかを始めた。

1 をもとに　　　　　2 をめぐって　　　　3 に限って　　　　4 に則して

10 息子は頭が痛い（　　　）おなかが痛い（　　　）言って、すぐに学校を休みたがる。

1 であれ／であれ　2 も／も　　　　　3 だの／だの　　　　4 し／し

11 先生から（　　　）この本を私は大切にしています。

1 お召しになった　2 頂戴した　　　　3 お越しになった　4 差し上げた
　　　　　　　　　ちょうだい

12 太田「あのお客さん、ほしいものが売り切れていると言って、店員さんに怒鳴ってるよ。」
　おお た
　木下「あんなに（　　　）ことはないのにね。」
　きのした

1 怒る　　　　　　2 怒った　　　　　3 怒らない　　　　4 怒れる

文章の文法 Text grammar

次の文章を読んで、文章全体の内容を考えて、　1　から　5　の中に入る最もよいものを、1・2・3・4から一つ選びなさい。

1　　　　　　　　　　　　　　　　昔の写真と今の写真

　　少し前まで、写真というものは一発勝負だった。カメラのファインダーをのぞきこみ、
（注1）
「今だ！」という瞬間を狙ってシャッターを押す。フィルムに焼きこまれた写真は、写真
　　　　　　　（注2）
屋さんに持っていって現像してもらうまで、どんな仕上がりになったか見ることはでき
　　　　　　　　（注3）
5　なかった。やっとできあがった写真をわくわくしながら見てみると、目を閉じていたり
写真が白くかすんでいたりと、がっかりすることも多かった　1　、そんな失敗の写
真でも、どうしても残しておきたかったあの場の雰囲気を伝えてくれるような気がして、
なかなか捨てられなかった。一本のフィルムに収められる写真の枚数にも限りがある。
そんな貴重な写真を大切にアルバムに貼って何回も見返した。

10　　デジタルカメラやスマートフォンを使うようになって、写真はもっと身近になった。
気軽に何枚でも撮れるし、撮影したものをその場で確認して、気に入らなければ撮り直
せる。万が一、その場で失敗に気が付かなかった　2　、あきらめるにはまだ早い。
修正するのも簡単だからだ。　3　、ちょっと暗いから明るくしようとか、写真の端
に知らない人が写り込んでいるからその部分を切り取ってしまおうというくらいのこと
15　なら誰でもできる。スマートフォンのアプリを使えば、化粧をしていない人が化粧をし
ているように見せたり、間違えて写してしまったごみを消すといった編集もできてしまう。
自分がほしいと思う写真を、自由に作り上げられるようになったのだ。まるで、誰もが
プロの写真家に　4　。

　　このような新しい技術はとても便利だし、写真の楽しみ方の幅が広がったと思う。し
20　かし、あのころ大切に一枚一枚撮っていた写真のほうが、今の作りこまれた写真よりも
価値があるように　5　のだ。私は少し古い人間なのかもしれない。

（注1）　一発勝負：一回で決めること。やり直しがきかないもの
（注2）　ファインダー：写真撮影をするときに、撮影対象を見るための穴
（注3）　現像：フィルムに収められた写真の画像が見えるように処理すること

1

1　ものだから　　　2　ものではなく　　　3　ものの　　　　　4　ものを

2

1　としても　　　　2　ならば　　　　　　3　ばかりに　　　　4　だけに

3

1　ところで　　　　2　つまり　　　　　　3　例えば　　　　　4　一方で

4

1　なろうとしている　　　　　　　2　なったかのようだ

3　ならないとも限らない　　　　　4　なったに相違ない

5

1　思うべきではない　　　　　　　2　思えることはない

3　思うに越したことはない　　　　4　思えてならない

第4週 **4**日目

⧗ 目標解答時間 15分

📅 ＿＿＿＿月＿＿＿＿日

文法形式の判断 Selecting grammar form

次の文の（　　　）に入れるのに最もよいものを、1・2・3・4から一つ選びなさい。

1 身分を証明するには、運転免許証（　　　）パスポートが必要です。

1　たとえば　　　　2　あるいは　　　　3　つまり　　　　4　ただし

2 この島は1年を（　　　）暖かく、観光地として非常に人気がある。

1　はじめ　　　　2　かけて　　　　3　つうじて　　　　4　こめて

3 国民の反対（　　　）、その法律は可決されてしまった。

1　にかかわらず　　2　にもかかわらず　　3　に限らず　　　　4　にも限らず

4 すぐにお呼びいたしますので、そちらのいすに（　　　）お待ちください。

1　おかけになって　　　　　　　　2　お座りして

3　お休みになって　　　　　　　　4　おかけして

5 怒った兄は母が（　　　）、家を飛び出して行ってしまった。

1　止めるのもかまわず　　　　　　2　止めたかいあって

3　止めたとおりに　　　　　　　　4　止めたのをきっかけに

6 司会「開会（　　　）、社長から一言ご挨拶を申し上げます。」
　　社長「皆様、本日は我が社の創立記念パーティーにご参加いただき、ありがとうございます。」

1　につれまして　　2　に際しまして　　3　に代わりまして　　4　にわたりまして

7 小原「さっき先生にチェックしてもらったところ、忘れない（　　　）直しちゃおう。」
　　渡辺「うん、そうだね。」

1　ついでに　　　　2　ことで　　　　3　限り　　　　4　うちに

8 医者はあらゆることをしてくれているが、病状は悪くなるばかりで、（　　　）。

1　よくなろうとする　　　　　　　2　よくなってきている

3　よくならない　　　　　　　　　4　よくならないこともない

9 　川井「あの店のアルバイト、仕事が多くてすごく大変なんだって。」

　　下村「へえ、どうりで時給が高い（　　　）。」

　　1　わけだ　　　　　　2　ことだ　　　　　　3　ものだ　　　　4　そうだ

10 　年を（　　　）にしたがって、忘れっぽくなってきた。

　　1　とり　　　　　　　2　とった　　　　　　3　とって　　　　4　とる

11 　お忙しいところ申し訳ありませんが、今週中にお返事をいただきたく（　　　）。

　　1　いらっしゃいます　　　　　　　　2　なさいます

　　3　存じます　　　　　　　　　　　　4　お受けします

12 　実現できるかは（　　　）、大きな目標を立てることはいいことだと思う。

　　1　もとより　　　　2　もちろん　　　　3　むしろ　　　　　4　ともかくとして

文章の文法 Text grammar

次の文章を読んで、文章全体の内容を考えて、| 1 |から| 5 |の中に入る最もよいものを、1・2・3・4から一つ選びなさい。

1　　　　　　　　　　　　　　　お化けの出る帰り道

　　私の家は駅から歩いて20分ほどのところにある。その途中にはお寺があり、たくさんのお墓(はか)があるのだが、子どものころ、祖母から「ここは暗くなるとお化けが出る」と繰(く)り返し| 1 |、大人になった今でも、夜そこを通るのには恐怖を感じる。それで、夜
5　遅くなったときは、いつも母に電話をして車で迎えに来てもらうようにしている。

　　あるとき、残業して帰るのが遅くなったことがあった。母に電話してみたが、何度電話してもつながらない。きっと、夜遅いし、もう| 2 |と思い、一人で帰る方法を探してみたが、最終のバスも出てしまったあとで、タクシーにも長い列ができていた。| 3 |1時間は待つだろう。これはもうあきらめて、| 4 |と覚悟(かくご)を決めて、私は家
10　へと向かった。怖くないようにと小さな声で歌を歌いながら……。| 5 |、やはり怖いものは怖い。私は問題のお寺の横を全力で駆け抜けた。こんなに走ったのは何年ぶりだろうか。運動不足の体には非常につらかったが、幸い、この日はお化けに出会うことはなかった。お化けたちも、私が必死に走る姿におどろき、出てくるのをやめたのだろう。

1

1　聞かされてきたものだから　　　2　聞かれていたことだから

3　聞かせてきたものだから　　　　4　聞かずにきたことだから

2

1　起きているに決まっている　　　2　起きていることだ

3　寝てしまったに違いない　　　　4　寝てはいられない

3

1　とっくに　　　　2　おそらく　　　3　とうとう　　　　4　きわめて

4

1　タクシーを待つしかない　　　　2　歩いて帰るばかりだ

3　タクシーを待つのみだ　　　　　4　歩いて帰るほかない

5

1　だから　　　　　2　しかし　　　　3　そして　　　　　4　ちなみに

⏳ 目標解答時間 15分

📅 ＿＿＿＿月＿＿＿＿日

文法形式の判断 Selecting grammar form

次の文の（　　　）に入れるのに最もよいものを、1・2・3・4から一つ選びなさい。

1 小宮「山川さんのお父さんって、確か飲食店を経営しているよね。私、仕事を探していて飲食
店に興味があるんだけど、一度お父さんに聞いてみてもらえないかな。」
山川「（　　　）、仕事を紹介してほしいということ？」
1　要するに　　　　　2　ところが　　　　　3　いわゆる　　　　4　一方

2 インターネットを使って買い物をする人の増加（　　　）、配達会社の人手不足が深刻化して
いる。
1　に伴って　　　　2　に応えて　　　　　3　を基にして　　　4　を通して

3 橋本「そんな小さいこと、気にすることないよ。」
酒井「あなたはそう思っても、私（　　　）大きな問題なんだよ。」
1　によっては　　　2　にとっては　　　　3　といえば　　　　4　とくれば

4 外国での 一人暮らしには慣れてきたが、離れて暮らす大好きな家族に（　　　）。
1　会うよりほかない　　　　　　　　　2　会うおそれがある
3　会いたくてしかたがない　　　　　　4　会ってもしかたがない

5 宇宙に人類が住める街をつくろうとしている企業があるそうだが、私には人が宇宙で生活でき
るようになるなんて、とても（　　　）がたい。
1　信じ　　　　　　2　信じる　　　　　3　信じた　　　　　4　信じて

6 当美術館では毎月様々な展覧会を行っています。詳しくは下の表を（　　　）ください。
1　拝見して　　　　2　お目にかかって　　3　見られて　　　　4　ご覧

7 自分に合った大学を選ぶには、資料を（　　　）、実際に行ってみることも大切だ。
1　読もうものなら　　　　　　　　　　2　読むついでに
3　読むことに加えて　　　　　　　　　4　読んだにしては

8 私は時間があるときに、料理を（　　　　）だけ作って冷凍しています。

　　1　作った　　　　　　　2　作れる　　　　　　　3　作れば　　　　　　　4　作ろう

9 来週の引っ越し（　　　　）、役所への書類の提出や、水道やガスなどの手続きを終わらせた。

　　1　次第で　　　　　　　2　を込めて　　　　　　3　に対して　　　　　　4　に先立って

10 （会社で）
　　後藤「課長から、会議の時間変更について聞いた？」
　　田辺「はい。4時からに変更したと（　　　　）。」

　　1　聞かれます　　　　　　　　　　　　　2　お聞きになりました

　　3　お聞きください　　　　　　　　　　　4　お聞きしました

11 十分な準備運動を行わなかった（　　　　）、試合中に膝を負傷してしまった。

　　1　にもかかわらず　　2　ところを　　　　　3　ばかりに　　　　　4　となれば

12 何度も家族で（　　　　）末に購入を決めたこのマンションは、住み心地がよく大変気に入って
　いる。

　　1　話し合う　　　　　2　話し合った　　　3　話し合って　　　4　話し合えば

文章の文法 Text grammar

次の文章を読んで、文章全体の内容を考えて、 1 から 5 の中に入る最もよいものを、１・２・３・４から一つ選びなさい。

1 　　　　　　　　　　　言葉の選び方

　皆さんは、言葉の選び方について、考えてみたことがあるだろうか。言葉は、コミュニケーションをとる上でなければならないものだ。しかし、使い方を誤ると、相手に誤解されてしまったり、相手との関係が悪化したりすることもあり得る。では、どのよう
5 な言葉を使えば関係を悪化させず、 1 よいコミュニケーションがとれるのだろうか。

　ある研究によると、否定的な言葉より肯定的な言葉を多く使うことによって、仕事や人間関係がうまくいくということがわかっているそうだ。 2 、否定的な言葉を多く使う夫婦は離婚率（りこん）が高いという研究結果も出ているという。相手から否定的な言葉を使われ、嫌（いや）な思いをした経験は誰（だれ）にでも 3 。

10 　そこで、自分の言いたいことを伝えつつ、相手に嫌（いや）な思いをさせない肯定的な言葉を選択して使うことが必要になってくるのだ。例えば、友人が連絡もなく待ち合わせの時間に遅刻した際、「連絡ぐらいできないの？」と言っては冷たい印象を与え、相手も気分がよくない。さらに、相手の心を傷（きず）つけて 4 。少し言い方を変え、「次からは連絡してほしいな」と言えば、関係を悪化させずに自分が伝えたいことを伝えることができる。
15 意味は同じでも、言葉の選び方ひとつで印象はかなり変わるのだ。相手との関係を終わらせたいのであればこのように気を使う必要はないが、関係を続けていきたいのであれば、肯定的な言葉を使ったほうがお互いのためになるだろう。

　言葉を通じて、人との関係はよくも悪くもなる。円滑（えんかつ）な人間関係のためにも、肯定的な言葉を選んで 5 。
（注）

（注）　円滑な：物事が問題なく進む様子

1

1　ほぼ　　　　　　　2　より　　　　　3　あまり　　　　　4　今にも

2

1　しかし　　　　　　2　また　　　　　3　それとも　　　　4　つまり

3

1　あるのではないか　　　　　　　　　2　あるにすぎない

3　あるというものではない　　　　　　4　あってもよかった

4

1　しまうわけがない　　　　　　　　　2　しまいそうにない

3　しまいかねない　　　　　　　　　　4　しまうよりほかない

5

1　使えないのはなぜなのだろうか　　　2　使うなということなのか

3　使おうとしていくことだろう　　　　4　使っていきたいものだ

言葉を覚えよう3

※＿＿＿＿＿には意味を調べて書きましょう。

動詞

□あきれる	＿＿＿＿＿	彼は何度注意しても遅刻するので、みんなあきれている。
□当てはまる	＿＿＿＿＿	アンケートで自分に当てはまるものに丸をつけた。
□暗記する	＿＿＿＿＿	例文をたくさん暗記したが、一晩寝たらすべて忘れてしまった。
□いばる	＿＿＿＿＿	あの人は後輩に対していつもいばっていて感じが悪い。
□援助する	＿＿＿＿＿	大学生の時は、親に生活費を援助してもらっていた。
□貢献する	＿＿＿＿＿	この会社では業績に貢献した社員を毎月表彰している。
□公表する	＿＿＿＿＿	そのアイドルは本名を公表して活動している。
□異なる	＿＿＿＿＿	その雑誌には事実とは異なることが書かれていた。
□栄える	＿＿＿＿＿	この辺りは千年前、港町として栄えていたらしい。
□しゃがむ	＿＿＿＿＿	登山中に具合が悪くなったので、しゃがんで休んだ。
□接近する	＿＿＿＿＿	台風が接近しているため、雨と風がどんどん強くなってきた。
□迫る	＿＿＿＿＿	レポートの締め切りが迫っているので友達の誘いを断った。
□尊重する	＿＿＿＿＿	互いの考えを尊重することが良い人間関係を築く上で大切だ。
□含む	＿＿＿＿＿	ビタミンを多く含む野菜をたくさん食べるようにしている。
□震える	＿＿＿＿＿	ピアノの発表会で、緊張で手が震えてうまく弾けなかった。

副詞

□あいにく	＿＿＿＿＿	ほしいものを買いに行ったが、あいにく売り切れだった。
□あくまで	＿＿＿＿＿	その話はあくまでうわさで、本当かどうかはわからない。
□一応	＿＿＿＿＿	天気予報では晴れると言っていたが、一応傘を持っていった。
□一切	＿＿＿＿＿	その政治家は事件を起こしてから、取材を一切断っている。
□いよいよ	＿＿＿＿＿	楽しみにしていたオリンピックが、いよいよ明日から始まる。
□早速	＿＿＿＿＿	友達におもしろい動画を送ってもらったので早速見てみた。
□しきりに	＿＿＿＿＿	子どもが雨の日もしきりに外に出たがるので困っている。
□相当	＿＿＿＿＿	そのモデルは体形を維持するために相当努力をしているはずだ。
□ただちに	＿＿＿＿＿	雷が鳴ったらただちにサッカーの試合を中止したほうがいい。
□近々	＿＿＿＿＿	アメリカで最近人気の映画が近々日本でも公開されるらしい。
□当分	＿＿＿＿＿	腕を骨折したので、当分テニスの試合に出ることができない。
□時折	＿＿＿＿＿	子どものころに住んでいた街のことを、今でも時折思い出す。
□果たして	＿＿＿＿＿	林さんは10か国語話せると言っているが、果たして本当だろうか。
□まさか	＿＿＿＿＿	自信がなかったので、まさか合格できるとは思わなかった。

読解編
Reading

例題と解き方 〜読解編〜

内容理解／主張理解　Comprehension/Thematic comprehension

➤ 評論・解説・エッセイ

　長めの文章を読み、概要、筆者の考え・主張などを理解できるかを問う問題である。200字程度の「短文」、500字程度の「中文」、900字程度の「長文」の3パターンがある。

例題1

以下は、新聞記者が書いた文章である。

　もちろん、最近は<u>ツイッターやフェイスブックも欠かせない情報ツールになってきている</u>のはご承知のとおり。自分の目に付かなかった情報が誰かのツイートやフェイスブックで「この記事面白いよ」という形で紹介されていて、「あ、こんなことがあったんだ」と自分のレーダーに引っかからなかったことにも出会える からです 。ツイッターで興味のある分野の専門家のフォロワーになっておくと、その人の主張や分析などもわかり、何か事件が起きたときにその人に取材させてもらうかどうかの判断材料にもなるので、とても便利です。

（中略）

今やネット上にはさまざまな情報があふれています。そして最近は、インターネット、特にツイッターで注目を浴びて、そのあと一般紙で取り上げられるという出来事も多くなっています。もちろん、ネットだけに頼るやり方では正確な情報はつかめないし、ネット上の情報には、信頼できる情報、噂話などが混在しています。 それでも 、さまざまな情報ツールを駆使していち早く情報をキャッチし、そこからさらに深い取材をしなければ、時代の流れを見誤ってしまうばかりか、記者の存在意義までも問われることになりかねません。

（大門小百合『The Japan Times 報道デスク発 グローバル社会を生きる女性のための情報力』
ジャパンタイムズ出版による）

> 下線の直後の文をよく読もう。「から」によってここに理由が書かれていることがわかる。

> 逆接の接続詞。この後に筆者の意見や主張が書かれている。

1 最近はツイッターやフェイスブックも欠かせない情報ツールになっ
てきているとあるが、それは なぜか 。

1 世界中で使用され、多くの情報が集まっているから

2 自分が見落としていた情報にも気付くことができるから

3 専門家が自分の主張や分析を発表しているから

4 場所や時間を問わず手軽に調べられ、非常に便利だから

問い方に注目。「なぜか」とあるので理由を表す表現に注目して本文を読もう。

2 この文章の内容として最も適切なものはどれか。

1 今はインターネット上で注目されたものを新聞で取り上げるの
が一般的だ。

2 インターネット上の情報は噂話などの到底信用できないものば
かりだ。

3 今の記者は素早く情報をつかみ、より深く取材をすることが求
められる。

4 記者はツイッターやフェイスブックを取材のために利用すべき
ではない。

STEP 1 質問を読んで、読むポイントをつかもう

☞ いきなり本文を読み始めても、情報が多すぎて問題が解けないことが多い。まずは質問を
読み、「本文から何を探さなければならないか」をつかんでから、読み始める。

☞ よく出る質問のパターン

①文章全体の意味を理解しているかを問う質問

[主張・意見]　　　「筆者が最も言いたいことは何か」「筆者の考えに合うものはどれか」

[内容理解]　　　　「この文章の内容として最も適切なものはどれか」

②文章の部分的なところを正確に読み取れているかを問う質問

[指示語の説明]　　「これ／それはどういう意味か」

[主語・対象語]　　「～はだれか」「～は何か」

[原因・理由]　　　「～はなぜか」「どうして～か」

[言い換え・説明]　「～はどういう意味か」「～は何を指しているか」

STEP 2 本文を読んで、答えを探そう

☞ 繰り返し出てくる言葉は、キーワードである。キーワードが含まれる文は注意して読む。

☞ [主張・意見] を探すときは、以下の①～④をチェックする。

①最後の段落

筆者の主張や意見は最後の段落にまとめてあることが多い。

②主張を表す表現

～と思う／～と考える／～はずだ／～に違いない／～に相違ない／～にほかならない
など

③否定疑問文

～ではないだろうか／～ではあるまいか　など

④以下の接続詞を含む文

・逆接の接続詞：しかし／けれども／だが／それでも　など
・言い換えの接続詞：つまり／すなわち／いわゆる　など
・結論を表す接続詞：このように／以上のことから　など

☞ [指示語の説明] [主語・対象語] の場合、その直前・直後に具体的な例などのヒントがあることが多い。まず、それらが含まれる文をよく読んで、内容をつかむ。それから、その文の前後から答えを探す。

例：その人とあるが、だれか。

> ツイッターで興味のある分野の専門家のフォロワーになっておくと、その人の主張や分析などもわかり、何か事件が起きたときにその人に取材させてもらうかどうかの判断材料にもなるので、とても便利です。

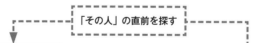

「その人」の直前を探す

ツイッターで 興味のある分野の専門家 のフォロワーになっておくと、その人の主張や分析などもわかり、

☞ [原因・理由] の場合は、以下の表現に注目して、答えを探す。

～から／～ので／～くて／～し～し／～んです／～ものだから／～ため／～によって／
～ゆえに　など

☞ [言い換え・説明] の場合は、以下の表現に注目して、答えを探す。

～とは…のことである／～というのは…ということだ／～とはすなわち…である／
～といえば…であろう　など

➤ お知らせ文・メール文

内容理解（短文）には、200字程度のお知らせ文またはメール文の問題が出ることがある。

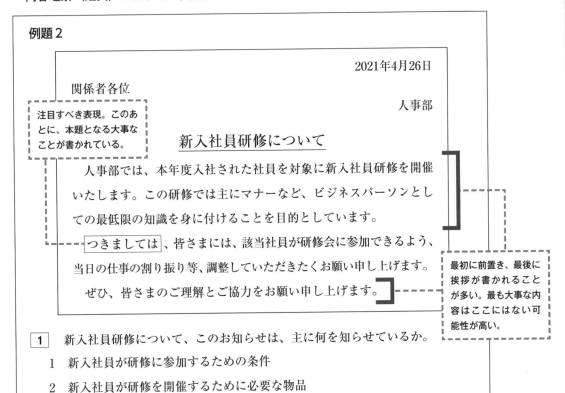

例題2

2021年4月26日

関係者各位

人事部

注目すべき表現。このあとに、本題となる大事なことが書かれている。

新入社員研修について

　人事部では、本年度入社された社員を対象に新入社員研修を開催いたします。この研修では主にマナーなど、ビジネスパーソンとしての最低限の知識を身に付けることを目的としています。

　つきましては、皆さまには、該当社員が研修会に参加できるよう、当日の仕事の割り振り等、調整していただきたくお願い申し上げます。

　ぜひ、皆さまのご理解とご協力をお願い申し上げます。

最初に前置き、最後に挨拶が書かれることが多い。最も大事な内容はここにはない可能性が高い。

1　新入社員研修について、このお知らせは、主に何を知らせているか。

1　新入社員が研修に参加するための条件

2　新入社員が研修を開催するために必要な物品

3　新入社員が研修に参加するための業務調整の依頼

4　新入社員が研修で行わなければならない課題

STEP 1　質問を読んで、何を探せばいいか把握しよう

　①全体的な内容を問う質問

　　[目的]　　　　　「この文章は何を知らせているか」「この文章の目的は何か」

　　[タイトル・件名]　　「この文章のタイトルは何がいいか」「このメールの件名として最も適切なものはどれか」

　②部分的な内容を問う質問

　　[値段・期日・期間]　「〜はいくらか」「〜はいつか」「〜はいつからいつまでか」

STEP 2　本文を読んで、答えを探そう

　☞全体的な内容についての質問なら、文章から答えを探す。その際は手紙やメール、お知らせなどの一般的な形式を思い出す。

　　※これから本題へ入ることを知らせる言葉「さて」「この度」「つきましては」などは要注意。

　☞**[値段・期日・期間]**は、文章ではなく数字やリストの中に答えが隠れていることが多い。

統合理解　Integrated comprehension

　一つのテーマについて書かれた複数の文章を読んで、それぞれの立場、意見を比較したり、統合したりしながら答えを導き出せるかを問う問題である。

例題3

A

　子供は外国語を覚えるのが速いと言われますね。もちろん、頭がまだ柔らかいから、などの理由もあるのでしょうが、「表現において背伸びしない」というのも大きな要素だと僕は考えています。(中略)

　ビギナーは、まずビギナー向けのことから始めるというのが、何事においても上達の基本。大人の学習者の皆さんは、一度子供になったつもりで、単純な言い回しを使って単純なことだけを表現してみましょう。

（高橋敏之『英語 最後の学習法 英字新聞編集長が明かす「確実に効果の出る」メソッド』ジャパンタイムズ出版による）

> ＡもＢも外国語学習の「方法」について述べている。この部分にどのように外国語学習に取り組むのがいいのか書いてある。

B

　どんなに評判のいい勉強法でも、あなたにとって難しすぎたら続きません。私も「字幕なしで外国語の映画を見る」とか「外国語の本を読んで語彙を覚える」とかいうのを真に受けて、やってみては挫折するというのを繰り返してきました。しかし勉強法はあくまで他の誰かが成功した方法です。万人に合うとは限らないのに、さも効果がありそうに宣伝している場合もあります。外国語を勉強するなら今の自分のレベルを冷静に判断し、自分に合った方法をとるのが一番なのです。

1　ＡとＢは外国語学習について、どのように述べているか。

1　Ａは幼少期の早い段階から外国語学習を始めるべきだと述べ、Ｂは大人になってからでも十分語学力を伸ばせると述べている。

2　Ａは子供のように頭をやわらかくすることで語学力が伸びると述べ、Ｂは映画や読書などが外国語学習に効果的だと述べている。

3　ＡもＢも、文法の正確さなど細かいことは考えず、とにかく外国語を発話してみることが大切だと述べている。

4　ＡもＢも、無理をせず自分のレベルに適した方法で外国語に触れるのがいいと述べている。

> まずは選択肢から読んでポイントをつかむ。この問題の場合、学習を始める「時期」や、学習の「方法」がポイントとなる。これらを踏まえて本文を読もう。

STEP 1 質問を読んで、読むポイントをつかもう

☞ AとBの文章を比較して答える問題なので、まず「比較すべきことは何か」をつかむ。

☞ 選択肢の形に注目すると、読むポイントがつかみやすい。
　　・「Aは～、Bは…だ。」➡ AとBの**違い**について
　　・「AもBも、～だ。」➡ AとBの**共通点**について

STEP 2 本文を読んで、答えを探そう

☞ AとBの意見で共通していること、異なっていることに注目して読む。
　　※筆者の主張や意見を探すポイントは「内容理解／主張理解」のSTEP 2（p.70）を参照。

情報検索 Information retrieval

生活の中で目にするような広告やお知らせ文を見て、**必要な情報を読み取れるか**を問う問題である。

STEP 1 質問を読んで、どんな情報を探せばいいか把握しよう

☞ まずは質問を読んで、どんな情報を探すのか、ポイントを把握する。特に質問文にある「いつ」「だれ」「どこ」などの「条件」は必ず確認する。

STEP 2 必要な情報を見つけよう

☞ すべてをじっくり読む必要はないので、必要な情報が書かれているところを重点的に読む。

☞ 質問が「いつ」「いくら」であれば、数字が書かれているところを中心に探す。

☞ 細かい条件は「注意」や「※」を使って書かれていることが多いので必ずチェックする。

STEP 3 正しい選択肢を選ぼう

☞ 読み取った情報と選択肢を比べて、正しい答えを探す。

☞ 計算が必要になる問題もあるので、焦って計算ミスをしないように注意すること。

例題4

　右のページは、大学の研究室消防設備点検についてのお知らせである。下の問いに対する答えとして最もよいものを、1・2・3・4から一つ選びなさい。

1 　西館の7階 に研究室がある田中さんは、いつ この点検を受けるか。

1　6月10日の9時から11時のあいだ

2　6月10日の13時から15時のあいだ

3　6月11日の9時から11時のあいだ

4　6月11日の13時から15時のあいだ

> まず「条件」を確認。

> 問い方に注目。「いつ」とあるので、お知らせの数字から答えを探す。

2 　東館の3階 に研究室がある高橋さんは、指定された日時に研究室で打ち合わせがあり、日程をずらしたい。高橋さんは何をしなければならないか。

1　6月4日までに施設課に研究室の鍵を預ける。

2　6月4日までに施設課に電話をかける。

3　6月9日までに施設課に研究室の鍵を預ける。

4　6月9日までに施設課に電話をかける。

> 質問文から、どんな情報を探せばいいのか把握しよう。この問題の場合、「日程をずらす」ために何をするのかがポイントとなる。

例題の答え　　例題1　2, 3　　例題2　3　　例題3　4　　例題4　4, 2

2021年5月26日

関係者各位

さくら大学　施設課

研究室消防設備点検についてのお知らせ

　日頃より、管理業務につきまして、格別のご理解とご協力を賜り厚く御礼申し上げます。

　この度、研究室の消防設備の定期点検を下記のとおり実施いたします。

記

■**点検日時**

・東館【低層階】　　6月10日（木）　9：00〜11：00

　　　【高層階】　　6月11日（金）　9：00〜11：00

・西館【低層階】　　6月10日（木）13：00〜15：00

　　　【高層階】　　6月11日（金）13：00〜15：00

■**注意事項**

・点検中に警報ベルが鳴ります。

・当日は火災報知器とベランダの避難ハッチの点検のために作業員が入室します。

■**連絡先：施設課（内線：4421）**

※低層階は1階から5階まで、高層階は6階より上の階となります。

※点検の時間は前後する場合がございます。ご了承ください。

※点検当日はどなたかがご在室であることが望ましいですが、ご不在の場合は、前日までに施設課まで研究室の鍵をお預けください。作業員が責任をもって開錠・施錠を行います。

※上記日程で点検が行えない場合は、6月4日（金）17：00までにお電話ください。別の日程をご相談させていただきます。

以上

「いつ」という質問は、ここを読めばわかる。質問文にある条件と照らし合わせながら読もう。

２番の質問は「日程をずらしたい」ということであるから、ここを読めばわかる。小さく書かれた文にこそ、大切な条件が書かれている。

内容理解（短文） Comprehension (Short passages)

　次の (1) から (5) の文章を読んで、後の問いに対する答えとして最もよいものを、1・2・3・4から一つ選びなさい。

(1)

1 　自分の人生を生きるには、他人をどうするかではなく、自分をどうするかを常に考えないといけないのではないでしょうか。他人のことばかり考えていたって、その人にはなれないし、いずれその人が目の前から去った時、自分に残るものなんてありません。嫌いな人には無関心でいること。もし、誰かを羨む気持ちを持ったら、それを正しく、自分を向上させるエネルギーに変えること。

5 他人の半径5メートルは他人のもので、自分には自分半径5メートルがあるはずです。まずは自分の変えられる範囲のことから変えていくのが、正しいエネルギーの使い方ではないでしょうか。

（はあちゅう『半径5メートルの野望』講談社による）

1　筆者は、自分の人生を生きるためにどうすることが必要だと考えているか。

1　エネルギーを自分にばかりでなく、他人のためにも使うこと
2　羨ましいと思う人がいたら、その人に近づこうと努力すること
3　他人を変えようとするのではなく、自分で変えられることから変えていくこと
4　嫌いな人には一切近づかず、人とは常に一定の距離を保つこと

(2)

以下は、新作発表会についてのお知らせである。

令和3年10月7日

株式会社NAC
営業部　大山忠様

株式会社KMI
広報部　宮本健二

来月の新作発表会について

拝啓

　朝夕はずいぶんと涼しくなって参りました。日頃よりお世話になり、厚くお礼申し上げます。

　さて、来月予定しておりました弊社の新作発表会でございますが、当日、予定していた会場周辺で交通規制が行われることになったため、下記の通り会場が変更となりますことをお知らせいたします。

　当日のスケジュールは、先日お知らせした内容で変更はございません。突然の変更でご迷惑をおかけして大変申し訳ございませんが、何卒ご了承いただけますようお願い申し上げます。

敬具

記

【変更前】
YUMI国際記念会館　1階中ホール（高丸駅　出口A2　徒歩4分）
【変更後】
イースト会議センター　3階セミナールーム（山国駅　出口E4　徒歩3分）

以上

1　このお知らせの内容に合うのはどれか。

1　株式会社NACは来月の新作発表会のスケジュールが変わったことを伝えている。

2　株式会社NACは来月の新作発表会は駐車場が使えなくなったことを伝えている。

3　株式会社KMIは来月の新作発表会が延期になったことを伝えている。

4　株式会社KMIは来月の新作発表会の会場が変わったことを伝えている。

(3)

1 　欲とは、何かをほしいと思ったり、したいと思ったりすることだ。欲とは自分自身の利益だけを
追求する身勝手なものだというイメージを抱く人も多いようだが、私は欲を持つことこそが成長へ
（注1）　　（注2）
の近道になると信じている。ほしいものを手に入れるために、なりたい自分に近づくために、人は
試行錯誤を重ねながら前に進んでいく。何かをほしがったり、したがったりすることは決して悪い
（注3）
5 ことではないのだ。

（注1）追求する：あるものを得ようとどこまでも追い求めること
（注2）身勝手：自分勝手
（注3）試行錯誤：挑戦と失敗を繰り返しながら目標に近づいていくこと

　1 　筆者によると、欲とはどんなものか。

　　1 　個人の利益だけを求める自分勝手なもの

　　2 　人を成長させることができるもの

　　3 　挑戦と失敗を繰り返し生まれてくるもの

　　4 　人のものを手に入れることで満たされるもの

(4)

1 　子どもは親の関心を強烈に必要としています。子どもにとって何よりつらいのは親に無視される
こと。ですから子どもは、親と楽しく遊んだりほめてもらったりするというプラスの関心が得られ
ないなら、たとえ叱られるというマイナスの関心であっても、それを得ようとするのです。

　ですから、子どもが言いつけ通りにしているときよりも、言いつけに背いたときに親が大きな関
（注）
5 心を向けていると、子どもは言いつけに背くようになります。親の愛情に飢えているからです。

（古宮昇『一緒にいてラクな人、疲れる人』PHP研究所による）

（注）言いつけ：命令や指示

　1 　筆者によると、子どもが親の命令や指示に背くようになるのはなぜか。

　　1 　子どもの手本となるべき親が、子どもを無視しているから

　　2 　親の言った通りにしても、結局叱られるから

　　3 　親の命令や指示に背いたほうが、親からの関心を得られるから

　　4 　成長する中で親の愛情をうるさく感じるようになるから

(5)

1　早起き習慣が身についている人ほど、「早起き」を目的にしていません。

　早起きは手段でしかなく、「ジョギングしたいから早起きしよう」こんな感じで、早起きする目的を持ち、楽しみながら起きているのです。

　なお、目的の持ち方にはコツがあります。

5　私たちは、「快の追求」あるいは「不快からの逃避」、この2つの理由で行動を起こします。
^(注1)

　目的を決めるときは、「不快からの逃避」ではなく、「快の追求」をもとに考えるのがポイントです。
^(注2)^(注3)

このほうがモチベーションが飛躍的に高まるためです。
^(注4)

（塚本亮『頭が冴える！　毎日が充実する！　スゴい早起き』すばる舎による）

（注1）コツ：物事をうまく処理する要領
（注2）追求：あるものを得ようとどこまでも追い求めること
（注3）逃避：何かを避けて逃げること
（注4）モチベーションが飛躍的に高まる：やる気がとても高まる

1　この文章の内容と合うものはどれか。

　1　早起きをすることで、不快な気分を避けられる。

　2　早起きをすることは気持ちがいいものだ。

　3　早起きをするためには楽しめる目的を持つとよい。

　4　早起きをする目的がない人は早起きをする意味がない。

内容理解（短文） Comprehension (Short passages)

次の(1)から(5)の文章を読んで、後の問いに対する答えとして最もよいものを、1・2・3・4から一つ選びなさい。

(1)

1　　2011年3月11日に発生した東日本大震災による津波は多くの犠牲者を出した。そんな中、登校児童・生徒全員が無事だった小中学校が岩手県釜石市にある。昔から津波の被害があったこの地域では、「津波てんでんこ」という教育がなされている。「てんでんこ」とは「それぞれ」や「各自」を意味する「てんでん」に東北方言の「こ」が付いた言葉で、「津波のときは人にかまわず、てんでんに逃げ、高台で会おう」という教えである。てんでんがてんでんの逃げる力を信じ逃げろというのだ。震災から10年、てんでんに考える力を見せた子どもたちは、頼もしい大人になっているに違いない。

1　東日本大震災の津波でこの小中学校の児童・生徒が助かったのはなぜか。

1　逃げる道が決められ、逃げ方を教育されていたから

2　自分のことだけ考えず、みんなで協力して逃げたから

3　それぞれが自分で判断して逃げることができたから

4　それぞれが大人の言うことを聞いて逃げたから

(2)

以下は、ある会社の社内文書である。

2021年9月1日

社員各位

管理部　安田光

後期健康診断実施のお知らせ

　　今年度の後期健康診断を、下記の通り実施いたします。対象者は受診申込用紙に氏名、生年月日、受診希望日を記入の上、9月15日（水）までに管理部の安田まで提出してください。

　　なお、出張などの都合で期間内に受診できない社員は9月10日（金）までにご連絡ください。こちらで受診日を調整します。期限までに受診申込用紙を提出しない場合は希望日に受けられない可能性がありますので、ご注意ください。

記

期間　：10月1日（金）から10月15日（金）

場所　：中央診療所

対象者：前期健康診断を受診しなかった全社員

　　　　ただし、新入社員は入社前に健康診断を受けているので、除きます。

以上

1 　後期健康診断について、正しいものはどれか。

1 　後期健康診断の対象者は必ず期間内に受診しなければならない。

2 　新入社員は全員、前期健康診断を受けているので、対象ではない。

3 　希望日に受診したい人は9月15日までに申込用紙を出さなければならない。

4 　都合が悪い人は9月10日までに中央診療所に連絡をしなければならない。

(3)

1　文学は科学のように隙間なく「事実」を説明する学問ではなく、むしろ隙間を読者の「好み」によって埋める娯楽なのである。それが、文学に対する読者の仕事である。文学は読者が自らの仕事を果たすことによって文学たり得ていると言える。だから、文学は多義的であってかまわないし、断片的であってもかまわないのだ。いや、そうあるべきなのだ。それを縫い合わせ、一つの「物語」に織

5　り上げるのが読者の仕事なのだから。

（石原千秋『未来形の読書術』筑摩書房による）

（注1）文学たり得る：文学として成立する
（注2）多義的：一つの言葉が多くの意味を持っている様子
（注3）断片的：ばらばらでまとまっていない様子

1　筆者は文学についてどのように言っているか。

1　読者が好きなように隙間を埋めて楽しむものである。

2　読者の好みを考えて作る娯楽でなければならない。

3　誰が読んでも同じ理解になるように作らなければならない。

4　娯楽であるため科学のような事実の説明は必要ない。

(4)

1　自分の意見が多数とは違うと認識している少数派の人間は、意見が違っても敵だとは考えない。意見が違うことが自然であり、違うからこそ議論ができる、と考える。違う意見をぶつけることで、もっと良い結果になると知っている。議論をするのは、意見は違っても相手を尊重するという姿勢を持っているからだ。多数派は、自分の意見に反対されると、それはもう喧嘩だ、と捉えがちだし、なん

5　とか相手を説得しようとするだろう。少数派は、反対することは、協力の一種だと考えているし、説得は難しいけれど、お互いに歩み寄ろうとする。

（森博嗣『集中力はいらない』SBクリエイティブ）

1　筆者によると、少数派とはどのような人間か。

1　自分とは異なる意見を持っている人を敵と思っている人

2　議論は喧嘩ではなく良い結果を生むための過程だと考える人

3　自分の意見が正当だと信じ、意見を変えようとしない人

4　多数派の意見を尊重し、自分の意見を多数派に寄せようとする人

(5)

1 　現在のような先の見えない時代に、やはり力を発揮(はっき)するのは、「考える力」であり、新しいビジョン(注1)や、いままでになかったものを生み出せる創造(そうぞう)力だと思います。

　しかし、そんな「考える力」や創造(そうぞう)力の土台(どだい)(注2)には、"知識の詰め込み"があることを忘れてはいけません。よく詰め込み型の学校教育を否定する人もいますが、短絡(たんらく)的発想(注3)です。本当は創造(そうぞう)力を開
5 花させるためにこそ、豊富な知識が必要なのです。

（榊原英資『榊原式スピード思考力』幻冬舎による）

（注1）ビジョン：将来を見通す力
（注2）土台：物事の基礎
（注3）短絡的：考えが安易で単純であること

1 筆者の考えに合うのはどれか。

1 現代のような先の見えない時代において、学校教育はそれほど重要でない。

2 知識が考える力の基礎(きそ)になるとはいえ、詰め込み型で知識を得ようとするのは単純だ。

3 知識があってこその創造(そうぞう)力なのだから、詰め込み型の教育が悪いとは言えない。

4 豊富な知識が必要なことは明らかだが、知識の詰め込みは勧(すす)められない。

内容理解（短文）Comprehension (Short passages)

次の(1)から(5)の文章を読んで、後の問いに対する答えとして最もよいものを、1・2・3・4から一つ選びなさい。

(1)

1　ビジネスのポジションは「役に立つ・役に立たない」と「意味がある・意味がない」の2つの軸で整理できます。（注1）　（注2）

日本の多くの企業はいまだに前者の軸だけで商品開発をしていますが、それだと生き残れるのはトップの企業だけ。ゆえに、戦略としては、提供するモノやサービスにどれだけ意味をもたせられるか（注3）

5　を考えるべきなのです。

その際、こういう社会を実現しようとしているという企業の姿勢が明確になっている必要があります。そこがはっきりしていれば、それに賛同する人たちは、消費者としてその企業を応援しようとするでしょう。

（プレジデントオンライン <https://president.jp/articles/-/43373> 2021年2月23日による）

（注1）ポジション：位置づけ
（注2）軸：物事の中心となるもの。ここでは基準
（注3）戦略：勝つための計画

1　その企業とあるが、どんな企業か。

1　人々のために役立つものを作り出している企業

2　意味のある商品やサービスを提供する企業

3　他の企業と比べて成功しているように見える企業

4　社会の声に耳を傾けて、その要求にこたえる企業

(2)

以下は、植物とアリの関係について書かれた文章である。

1　アリを味方にしようと、さらに厚遇^(注1)でアリを迎え入れる植物もある。

　　驚くことに、アリを懐柔^(注2)するために食べ物だけでなく、アリの家族が住む住居まで提供^(ていきょう)するのだ。

　　「アリ植物」と呼ばれるこれらの植物は、枝の中に空間を作り、その中にアリを住まわせる。もちろん、食事も豪勢^(注3)である。それらの植物は、蜜などの糖分ばかりか、たんぱく質や脂質などすべて

5　の栄養素をアリに与えている。そのため、アリは、この植物の上だけで過ごすことができる。そして、その代わりにアリたちは、木の葉を食べようとする毛虫などの昆虫から、植物を守っているのである。

（稲垣栄洋『たたかう植物　──仁義なき生存戦略』筑摩書房による）

（注1）厚遇：歓迎し、丁寧に扱うこと
（注2）懐柔する：上手く扱って自分の思い通りに動かす
（注3）豪勢な：非常にぜいたくで豪華な様子

1　本文中のアリについて正しいものはどれか。

　1　糖分以外の栄養を「アリ植物」から得ている。

　2　毛虫に襲われることがある。

　3　植物の上でしか生きられない。

　4　「アリ植物」の枝の中に住んでいる。

(3)

1　あなたは好きなことを思いっきりやっているだろうか。

　どちらかというと、好きなことは我慢してやらず、嫌いなことを無理してやる。そんな生き方になっている人のほうが、むしろ多いのではないだろうか。

　だが、好き嫌いの感情をいつも抑えていれば、ストレスは溜まるし、人生はつまらなくてやりきれないものになっていくに違いない。

5　好き嫌いの感情を抑えて理性で行動をコントロールするのは、けっして立派なことではない。幸せな人生をおくるには、私たちは好き嫌いの感情にもう少し素直になってもいいのである。

（桜井章一『感情を整える』PHP研究所による）

（注）理性：人として物事のいい、悪いを判断する心の働き

1　筆者の考えに合うのはどれか。

　1　どんなときでも、好き嫌いの感情に従うべきだ。

　2　好き嫌いの感情を抑えないことで自然と人生は楽しくなってくる。

　3　自分の行動をコントロールできない人は立派だとは言えない。

　4　好き嫌いの感情を抑えることが常に正しいわけではない。

(4)

1　最近のビデオゲーム、特にRPGは、映像や物語の質が高くプレイヤーに感動を与えたり、新しいものの見方を教えてくれたりすることもある。まるで自分で登場人物を動かすことができる映画のようだ。絵画や文芸、そして映画を芸術と呼ぶのならば、ゲームを芸術と呼んでもかまわないのではあるまいかという声すらある。しかし、一方で、ゲームは結局のところは子どものおもちゃにす

5　ぎないという意見も根強い。この議論に答えを出すためには、まずは芸術とは何かということから見直す必要があるだろう。

（注1）RPG：ロールプレイングゲーム。自分が登場人物となり、目的に向かって物語を進めるゲーム
（注2）プレイヤー：ゲームをする人

1　この議論とはどんな議論か。

　1　ゲームの芸術性をどう高めるかという議論

　2　ゲームは芸術のひとつなのかという議論

　3　ゲームで芸術を教えられるのかという議論

　4　何をもって芸術として認めるのかという議論

(5)

以下は、携帯電話の会社から来たメールである。

From：xxxx@xxxx.co.jp

To：yyyy@yyyy.co.jp

件名：お客様への大切なお知らせ

ご利用者様

弊社の携帯電話（080-XXXX-XXXX）をご利用いただきありがとうございます。

10月分（9月20日～10月19日）のご利用料金をご指定のクレジットカード会社よりご請求させていただきます。詳しくは、「お客様ポータルサイト」の「請求料金」をご確認ください。契約プランについては、同サイト内「契約内容の確認」のページよりご確認いただけます。また、今月よりお得なプラン「話し放題ダブル」をお選びいただけるようになりました。全国の店頭にてプランの変更を承っております。プランの内容については

https://www.xxx.jp/hanashihodai-double/をご覧ください。

＝＝＝＝＝＝＝＝＝＝＝＝＝＝＝＝

【お問い合わせ先】

AAテレコムサポートセンター

TEL: 012-432-3153

(日本時間 9:00～19:00 年中無休)

＝＝＝＝＝＝＝＝＝＝＝＝＝＝＝＝

1　このお知らせからわかることは何か。

1　利用料金が請求されること

2　10月分の請求料金

3　契約内容が変更されること

4　新しいプランの内容

内容理解（短文）Comprehension (Short passages)

次の(1)から(5)の文章を読んで、後の問いに対する答えとして最もよいものを、1・2・3・4から一つ選びなさい。

(1)

1 「負けずぎらい」という言葉は不思議だ。そのまま読めば、「負けないことがきらい」なのだから負けることを望んでいるみたいだが、もちろん意味は正反対。江戸時代に「負けぎらい」と言っていたのが誤用や「負けじ魂」との混同で「負けずぎらい」に変化したという説があるそうだ。

口に出すと「負けぎらい」よりも「負けずぎらい」の方がきっぱりと否定する「負けず」がある分、
5 決意や意地を感じる。負けない。それを強調するあまり、言葉としてはおかしい「負けずぎらい」に変化したのかもしれない。

（東京新聞Web <https://www.tokyo-np.co.jp/article/52206?rct=hissen> 2020年8月31日による）

（注1）江戸時代：西暦1603年〜1868年
（注2）負けじ魂：他の人に負けないようにがんばろうという精神

1 筆者が「負けずぎらい」という言葉は不思議だと言っているのはなぜか。

1 江戸時代にできたとされる古い言葉だから

2 人々の誤用や混同によってできた言葉だから

3 文字通りの意味と全く逆の意味の言葉だから

4 つい口に出したくなってしまう言葉だから

(2)

以下は、ある家電量販店から来たメールである。

From：nishino@sakuraden.co.jp

To：miyashita@xxxmail.com

件名：さくら電器からお客様へのお知らせ

宮下様

さくら電器の西野でございます。
先日は当店にてノートパソコン「MM21」をご購入いただき、ありがとうございました。
何かお困りのことがございましたら、お気軽にサービスセンターまで修理・点検をご依頼
ください。

さて、この度、当店をご利用くださっているお客様を対象に、プリンターやプロジェクター
など周辺機器の販売会を行うことになりました。
各メーカーの商品を取り揃え、30％から50％の割引価格で販売いたします。
この機会にぜひご購入を検討されてはいかがでしょうか。
ご来店をお待ちしております。

・開催期間：10月12日（火）～10月15日（金）
・時間：　　　10:00 ～ 20:00
・場所：　　　さくら電器本店　6階イベントスペース

――――――――――――――

さくら電器　西野
03-1234-5678

1　このメールは何を伝えているか。
　1　ノートパソコンのセール開催について
　2　周辺機器のセール開催について
　3　ノートパソコンの修理・点検について
　4　周辺機器の修理・点検について

(3)

1　駅の中などのトイレで「いつもきれいに使っていただき、ありがとうございます」という張り紙をよく見かける。トイレをきれいに使うように、ということを言っているのだが、「トイレをきれいに使ってください」と直接的に指示されるよりも、すんなりと受け入れられる気がする。このように、同じ内容を伝えたい場合でも、言い方ひとつで受け手の印象は変わるのだ。日頃（ひ ごろ）から、相手に自分

5　の言いたいことをどのように伝えていくのか、言い回しには気を配りたいものだ。

　1　この文章で筆者が最も言いたいことは何か。

　　1　駅の中のトイレをきれいに使うよう、心がけてほしい。
　　2　人に何かを頼むときは、直接的に指示したほうがいい。
　　3　人から指示をされた場合、まずは素直（した が）に従わなければならない。
　　4　普段から、人に何か伝えるときは言葉選びに注意すべきだ。

(4)

1　大学の就職率（しゅうしょく）重視の傾向を象徴（しょうちょう）する言葉として、「就職（しゅうしょく）に強い大学」という言葉もよく聞く。だが、「就職（しゅうしょく）に強い」（注1）とはいったいどういう意味なのであろうか。この言葉は、実は奇妙（き みょう）なものである。一般的に、就職率が高いということを想像するであろうが、そもそも「就職率」という指標（し ひょう）は、最終（注2）的な就職（しゅうしょく）決定者を最終的な就職（しゅうしょく）希望者で割ったものであり、途中で進路変更した人が抜けていくので、

5　指標（し ひょう）としてやや信頼性に欠けるものである。

（常見陽平『「就活」と日本社会　平等幻想を超えて』NHK出版による）

（注1）　象徴する：具体的に表現する
（注2）　指標：何かを判断したり、評価したりするための基準となるもの

　1　この文章の内容に合うのはどれか。
　　1　就職（しゅうしょく）に強い大学に通うことこそが、いい会社に就職（しゅうしょく）する方法である。
　　2　就職率（しゅうしょく）が高ければ高いほど、大学の人気は上がっていくものである。
　　3　就職（しゅうしょく）ができない人は途中で進路を変えることが多いので、就職率（しゅうしょく）は下がらない。
　　4　就職率（しゅうしょく）が高いからといって、就職（しゅうしょく）に強い大学であるとは言い切れない。

(5)

　以下は、クジャクという鳥について書かれた文章である。

1　　クジャクの雄は上尾筒を持ち上げて、雌の周りをゆっくり回りながら、時々広げた羽を揺さぶり、
　　　(注1)(注2)　　　　　　　　　(注3)
　羽毛のこすれる音を出して求愛する。宝石をちりばめたような飾り羽と、きらびやかな目玉模様
　が広がっている。雌はその目玉模様の数の多さと、魅力的な鳴き声で雄を選ぶという。毎年換羽す
　　　(注4)
　るたびに扇状に広げる羽は大きくなるので、目玉模様の数はそれだけ捕食者や寄生虫の攻撃を切り
　　　　　　　　　　　　　　　　　　　　　　　　　(注5)　　　(注6)
5　抜けてきたことを示す。目玉模様が多いということは、その鳥が生き延びてきた証である。

（浅間茂『虫や鳥が見ている世界―紫外線写真が明かす生存戦略』中央公論新社による）

（注1）　雄：男。動物の性別を表す際に使われる
（注2）　上尾筒：鳥の尾羽の付け根の上面をおおっている羽
（注3）　雌：女。動物の性別を表す際に使われる
（注4）　換羽する：鳥の羽毛が抜け変わること
（注5）　捕食者：他の動物をえさとして食べる動物
（注6）　寄生虫：動物の体表や体内から栄養をとって生活する生物

1　　クジャクの目玉模様について、内容に合うのはどれか。

　　1　羽の音を出すためには目玉模様が必要である。

　　2　羽毛をこすることで目玉模様は大きくなっていく。

　　3　いい声で鳴く雄は目玉模様もきれいである。

　　4　生命力が強い雄ほど羽に目玉模様が多い。

内容理解（短文）Comprehension (Short passages)

次の（1）から（5）の文章を読んで、後の問いに対する答えとして最もよいものを、1・2・3・4から一つ選びなさい。

（1）

「許し」は、相手のためではなく、自分のためにするものです。

なぜなら、人は誰かを許せないとき、牢屋の番人のように、ずっとその人のことを考え続けなくてはならなくなるからです。

その間ずっと、他に使える時間とエネルギーを、その人のために使っていることになります。

人を許すことで、余分なエネルギーを使わなくてもすむようになります。

その分だけ、本当に大切なことに意識を集中することができるでしょう。

勇気をもって、今日、誰かを許してあげてください。

（本田健『ピンチをチャンスに変える51の質問』大和書房による）

（注）牢屋の番人：罪人が逃げないようにずっと見ている人

1 筆者が、誰かを許してあげてくださいと言っているのはなぜか。

1 人を許すことで、自分も許してもらえるようになるから

2 誰かを許せないと思っている限り、その人の側に居続けなければならないから

3 人を許すことで、余計な時間や労力を使うことがなくなるから

4 誰かを許せない間は、本当に大事なことに向き合うことが一切できないから

(2)

1　　大きい変化の時期にあっても、周りのペースに巻き込まれず、平常心でいられる人がいます。こ
ういう人たちに共通する特徴^(注1)は、新しい環境へのイメージトレーニングができること。よくたとえ
られるのが「お化け屋敷^(注2)」です。
　　ご存知の通り、お化け屋敷は、どこからお化けが出てくるかわからないからこわい。でも逆に、
5　ここから出ますよ、というのを知っていれば、こわさがあっても、だいぶましになります。
　　ですから、新しい環境に入るときも、事前にどういうことが起こるかイメージして、心の準備を
しておけば、そこでかかるストレスが減らせます。

（プレジデントオンライン＜ https://president.jp/articles/-/44192?page=3 ＞2021年3月22日による）

（注1）ペース：スピード
（注2）お化け屋敷：遊園地などにある、客を怖がらせるために作られた、お化けが出そうな建物

1　この文章で筆者が述べていることは何か。

1　そこで何が起きるか予測しておくと、新しい環境でも落ち着いて行動できる。

2　準備をきちんとしていれば、自分に合った環境を作り上げることができる。

3　イメージトレーニングをすれば、新しい環境へのこわさは全くなくなる。

4　環境が変わるときは、ストレスを感じるので色々想像しすぎないほうがいい。

(3)

1　私が気になるのは「地球に優しく」という言葉です。とてもすばらしい言葉に聞こえますね。地球に優しくします。あまりごみは出さないようにしますとか、環境問題をよく考えますという意味で言っているということはわかります。言っている人の気持ちはわかりますが、地球に優しくと言うのは、上の世界にいると思うから言えることです。そうではなく、地球やその中に暮らす生きも

5　のたちに優しくしてもらって、お互い優しくし合おうね。そうしないと、私たち人間は生きていけないねというのが事実でしょう。人間は生きもの、自然の中の一部なのですから。

（中村桂子『知の発見「なぜ」を感じる力』朝日出版社による）

1　筆者はなぜ「地球に優しく」という言葉が気になるのか。

　　1　人間の優しさを表すすばらしい言葉だから

　　2　人間が上からものを言っているようだから

　　3　人間が言葉の通りにしていないから

　　4　人間にも優しくしてほしいから

(4)

1　「良薬は口に苦し」ということわざがある。よく効く薬ほど苦くて飲みにくいことから、「よい忠告は、聞くのは辛いが、ためになる」という意味で使われる。昔の薬は苦かった。だから、このことわざは小さな子どもでもすんなりと理解できたものである。しかし、最近は錠剤やカプセルにして苦みを少なくし、飲みやすくなっている薬が多い。今の若者は、このことわざを聞いても何のこ

5　とを言っているのかわからない人も多いだろう。ことわざは世代から世代へと言い伝えられてきたものであるが、意味が伝わらないのであれば、その価値はない。ことわざも時代にあわせて変えていくことはできないものだろうか。

1　この文章で筆者が最も言いたいことは何か。

　　1　薬は子どもでも飲めるように、飲みやすい形にするべきだ。

　　2　若者にことわざを理解させる機会をもっと増やしたほうがよい。

　　3　若者は年上からのアドバイスを、自分のためだと素直に聞くべきだ。

　　4　時代とともにことわざも変われば、若い世代にも意味が伝わるだろう。

（5）

以下は、ある会社の社内メールである。

From：k-miyabe@ayaken.co.jp
To：soumu@ayaken.co.jp
送信日時：2021年9月20日
件名：退職のご挨拶

総務部の皆様

お疲れ様です。
このたび、一身上の都合により９月末で退職することになり、本日が最終出社日となりました。
（注）
本来ならば直接ご挨拶をすべきところ、メールでのご挨拶となりましたことをお詫び申し上げます。

入社して約20年、様々な仕事を担当させていただきました。
困ったときには皆様に助けていただき、また多くのことを学ばせていただきました。
大変感謝しております。

この経験を生かし、今後も新しい仕事に励んで参りたいと思います。
改めまして皆様に感謝するとともに、これからの更なるお幸せとご活躍をお祈り申し上げます。

＝＝＝＝＝＝＝＝＝＝＝＝＝＝＝＝＝
アヤケン株式会社　宮部　香
〒111-2222　東京都大山市八番町3-4-5
TEL: 03-1234-5678　FAX: 03-1234-6789
MAIL: k-miyabe@ayaken.co.jp

（注）一身上の都合：個人的な事情

1　このメールの内容に合うのはどれか。

1　総務部の人が宮部さんに会社を辞める報告をしている。

2　総務部の人が宮部さんに助けてもらった感謝を伝えている。

3　宮部さんが同僚に退職の報告と長年の感謝を伝えている。

4　宮部さんが同僚を励まし、今後も協力して働きたいと言っている。

95

内容理解（中文） Comprehension (Mid-size passages)

次の(1)から(3)の文章を読んで、後の問いに対する答えとして最もよいものを、1・2・3・4から一つ選びなさい。

(1)

1　今は学校でも新聞を活用した授業を取り入れていく動きがあります。以前から学校や先生によっては新聞を使った授業を取り入れていたのですが、最近になってそれがきちんと学習指導要領^(注1)に組み込まれるようになったのです。

ですから学校の先生たちはみな、新聞を活用した授業をするようになりました。

5　子どもたちが新聞に興味を持ち、新聞を通してさまざまな力を身につけていけるようサポートする授業が行われるようになったのです。

これはメディア・リテラシーを身につけさせるための取り組みです。メディア・リテラシーとは新聞をはじめとするメディアを読み解く力、読解力です。

たとえば、読解力があまりない場合、ひとつのメディアが言っていることを全面的に信じてしまい、

10　その情報だけに左右される人間になってしまいます。

でもいくつかのメディアを比較できれば「事実はこうだが、これにたいする意見は3つある」というように、物事を整理してとらえることができます。

メディアが伝える真意^(注2)をつかむ、あるいは各メディアの立場を理解したうえで、その主張を把握したり、自分なりの判断をする。このようにメディアを読み解く力がメディア・リテラシーなんで

15　すね。

メディア・リテラシーを身につけるには、何といっても新聞を中心にして鍛える^(注3)のが一番です。新聞を読まずに、テレビだけで情報を得て、鍛えようと思っても、メディア・リテラシーは身につかないと私は思います。

（齋藤孝『新聞力　できる人はこう読んでいる』筑摩書房による）

（注1）学習指導要領：学校教育法に基づく各学校での教育課程の基準
（注2）真意：本当の気持ちや意味
（注3）鍛える：しっかり練習をして身につける

1 　これとは何か。

　1　新聞を活用した授業が、教育課程の基準に組み込まれたこと

　2　学校の先生が授業で、自由に新聞を使えるようになったこと

　3　新聞を通して知識を身につけることで、新聞に興味を持たせること

　4　先生が子どもたちに、新聞が読める力を身につけさせること

2 　筆者は、メディア・リテラシーを身につけるとどうなると考えているか。

　1　読解力が高くなり、新聞に書かれている内容を正しく理解できるようになる。

　2　メディアの情報を比較、整理し、自分なりの判断ができるようになる。

　3　メディアが言っていることを疑うようになり、自分で調べようと思うようになる。

　4　どんな情報にも左右されず、自分で考えて判断ができるようになる。

3 　筆者の考えに合うものはどれか。

　1　メディア・リテラシーを子どもに身につけさせるには、教育現場での教師の協力が絶対的に
　　必要である。

　2　メディア・リテラシーを身につけるには、テレビやラジオ、新聞などのメディアをバランス
　　よく活用することが大事である。

　3　メディア・リテラシーは、テレビのニュースを見るだけでは身につかず、新聞を活用するこ
　　とが最も効果的である。

　4　メディア・リテラシーは、読書をすることで自然と身につくものなので、無理に新聞を読ま
　　せようとする必要はない。

1 　なぜ、話したくないのにしゃべり続けてしまうのでしょうか。それには、主に２つの心理状態が
影響しています。

　　１つ目は、相手に自分のことを知ってもらいたいときです。いわゆる「承認欲求」が強まってい
るときになります。とくに、自分に自信が持てないときは、ついつい自分を大きく見せてしまいます。

5 価値のある人間だと認めてもらいたい気持ちが強くなるのです。雑談の相手によっては、好かれたい、
（注1）
嫌われたくない、と強く思いすぎてしまうこともあるでしょう。

　　（中略）

　　２つ目は、沈黙に恐怖を感じすぎているときです。
（注2）
沈黙することを極端に恐れるあまり、必要以上にしゃべりすぎてしまったことはないでしょうか。
（注3）
10 このような人は、ある意味、相手をよく観察しながら頑張って話をしているのだと思います。相手
からポジティブな反応が出るまで、延々と話題や表現を変えながら、なんとか話を続けて間を持た
せようとしているのです。

　　しかし、その話にはまとまりがなかったり、同じ話を何度も繰り返していたりするので、決して
相手にとって心地いい時間にはなりません。しゃべりすぎは、ネガティブな結果にしかつながらな
（注4）
15 いのです。

　　また、あなたがしゃべりすぎたぶん、相手が話をする時間を奪ってしまっていることを、忘れて
はいけません。相手があなたにどうしても伝えたいことがあったのに、時間がなくて話せなくなり、
不満を抱えてしまうこともあります。

（東洋経済オンライン <https://toyokeizai.net/articles/-/430663?display=b> 2021年6月4日による）

（注1）　雑談：テーマのないおしゃべり
（注2）　沈黙：黙ること。話さないこと
（注3）　極端：ここでは、これ以上ないくらい、非常に
（注4）　心地：気持ち。気分

1 話したくないのにしゃべり続けてしまう1つ目の原因として、合うのはどれか。

1 相手に自分のすべてを知ってもらえないと不安になってしまうから

2 自分が価値のある人間だと認められたいという意識が働くから

3 相手の偉そうな態度に負けないように自分を大きく見せる必要があるから

4 話し相手から嫌（きら）われると、自信が持てなくなってしまうから

2 このような人、とはどのような人か。

1 自分が相手よりしゃべりすぎてしまうことを恐れている人

2 会話を続けようと必死になり、相手を怖がらせてしまう人

3 誰も何も話さない状況を避けようと、話し続けてしまう人

4 同じ話題について、表現を変えて何度も話すのが好きな人

3 筆者の考えに合うのはどれか。

1 話がうまくまとめられない人は話が長くなりやすい。

2 自分だけが話しすぎてしまうと相手にとってマイナスにしかならない。

3 相手に特に大事な話がなければ、話し続けても問題はない。

4 どちらか片方が話しすぎると、必ず相手に不満を抱かれてしまう。

(3)

以下は、日々カウンセリングをしている精神科医が書いた文章である。

1　毎年、<u>２月も中旬がすぎると、診察室はいつも以上に落ち着かなくなってくる</u>。子どもの受験の
①
結果が出たり、仕事の異動の内示があったりと、変化の時期がやって来るからだ。
　　　　　　　（注1）　　（注2）

　もちろん、「うれしい変化」もある。「合格」「採用」という言葉をうれしそうに口にする人を見ると、
こちらも「よかったですね！」と笑顔になる。しかし、人生には「うれしくない変化」「悲しい変化」
5　もいっぱい。「昇進試験に不合格でした」「プロポーズしたらフラれました」などと言って肩を落と
　　　　　　（注3）　　　　　　　　　　　　　　　　　　　　　　　　　　　　　　　　　（注4）
す人も少なくない。

　私は、その「マイナスの変化」を経験した人に言う。「いや、まだ悲しむのは早いですよ。何年か
先には"あのとき失敗してよかった"と思う日だって来るかもしれないじゃないですか」。私自身、
大学入試では第一志望に不合格で、実は受かったのはあまり気が進まなかった医療系大学だけ。「本
10　当は医者になりたくなかった」などと言うと怒られそうだが、学生時代は<u>「自分は失敗者」</u>とずっ
　　　　　　　　　　　　　　　　　　　　　　　　　　　　　　　　②
と思い込んでいたのだ。

　しかし、あれからもう30年以上。今では、「あのとき第一志望に入っていたら精神科医にはなれな
かったんだ。これでよかった」と心から思う。ほかにも長く生きていれば、失敗、挫折と思ったこ
　　　　　　　　　　　　　　　　　　　　　　　　　　　　　　　　　　　　　　（注5）
とがきっかけでその後、良い出会いやチャンスにめぐりあった経験などいくらだってある。

15　そう、まさに「災いを転じて福となす」。そんなことを診療室で言うと、「ショックです」と涙を
　　　　　　　　（注6）
流していた相談者も、「先生、ことわざを持ち出すなんて医学的じゃないよ」と吹き出す。そんなとき、
　　　　　　　　　　　　　　　　　　　　　　　　　　　　　　　　　　（注7）
私はまじめな顔で言う。「これは医者としてではありません。50年以上生きてきた人生の先輩として言っ
ているのです」。そう、失敗や挫折こそハッピーの生みの親。私は本気でそう思うのだ。

（香山リカ『大丈夫。人間だからいろいろあって』新日本出版社による）

（注1）　異動：職場での地位や部署が変わること
（注2）　内示：非公式に通知すること
（注3）　昇進：職場での地位が上がること
（注4）　肩を落とす：がっかりする
（注5）　挫折：仕事や計画が途中でだめになること
（注6）　災いを転じて福となす：災難や失敗を利用して成功するという意味のことわざ
（注7）　吹き出す：ここでは、笑うという意味

1 ①<u>2月も中旬がすぎると、診察室はいつも以上に落ち着かなくなってくる</u>とあるが、なぜか。

1　子どもの進路について悩む親が増える時期だから

2　転職を希望する人が相談に来る時期だから

3　変化を受け入れられない人が出てくる時期だから

4　マイナスの経験をする人が一年で一番多くなる時期だから

2 筆者が、②<u>自分は失敗者</u>と思っていたのはなぜか。

1　失敗して良かったと認めてしまったから

2　志望する大学に合格できなかったから

3　医者になれなかったから

4　失敗と挫折を繰り返したから

3 筆者の考えに合うのはどれか。

1　将来、失敗してよかったと思う日が必ず来る。

2　失敗や挫折の後には必ずいい出会いがある。

3　医学的説明だけでは相談者を救えない。

4　失敗や挫折から生まれる幸せがある。

内容理解（中文）Comprehension (Mid-size passages)

次の（1）から（3）の文章を読んで、後の問いに対する答えとして最もよいものを、1・2・3・4から一つ選びなさい。

（1）

1 植物は動かない。この性質を「固着性」と言う。

（中略）

動物は敵が来れば逃げることができるが、植物は害虫がやってきても逃げることができない。また、動物は居心地が悪ければ、より適した生息場所を求めて移動することもできるが、植物はそこがどんな場所であっても、移動することはできない。

5 固着性のある植物は、そこに根を下ろしたら、その場所で生きるしかないのだ。

そんな植物の生き方は「変えられるものを変える」ことであると私は思う。「変えられるもの」とは何だろうか。残念ながら、植物に環境を変えるような力はない。そうだとすると変えられるものは「植物自身」である。

10 そのため、植物はさまざまな変化をする。この変化できる能力を「可塑性」という。植物は自在に変化する。人間は多少の違いはあっても、誰もが同じような形で同じような大きさをしている。これに対して、植物は形も大きさも自由自在である。同じ植物でも大きくなったり、小さかったりするし、縦に伸びたり、横に枝を伸ばしたり、形もさまざまである。そして、環境に合わせて自分を変化させるのである。

15 「固着性」と「可塑性」が植物の生き方なのだ。

私たち人間は、動物だから自由に動くことができる。しかし、どうだろう。現代社会を生きる私たちは、野生動物のように自由に環境は選べない。動けない不自由さを感じることも多いだろう。

植物は動けないから、逃げることなく環境を受け入れて、自分自身を変えている。そんな植物の生き方は、現代社会を生きる私たちには、参考にすべきところもあるのかも知れない。

（稲垣栄洋『植物はなぜ動かないのか』筑摩書房による）

（注1）生息：（主に動物が）生活すること
（注2）自在に：自分の思い通りに

1　筆者によると、植物とはどんな生き物か。

1　環境に影響を与える生き物

2　環境にいい影響を与えない生き物

3　環境からの影響を受ける生き物

4　環境からの影響を一切受けない生き物

2　この文章で言う「固着性」と「可塑性」の説明として正しいものはどれか。

1　固着性とは自分の形を変えないことを言い、可塑性とは自分の居場所を転々とすることを言う。

2　固着性とは自分の形を変えないことを言い、可塑性とは自分の形を変えることを言う。

3　固着性とは自分の居場所を変えないことを言い、可塑性とは自分の居場所を転々とすることを言う。

4　固着性とは自分の居場所を変えないことを言い、可塑性とは自分の形を変えることを言う。

3　この文章で筆者が最も言いたいことは何か。

1　完全には自由に動けない人間にとって、植物の生き方には見習うべきところがある。

2　植物と違って動ける人間は、自分に合う環境を求めて常に移動すべきである。

3　植物が自分の形を自由に変えるように、人間も自由に自分を表現すべきだ。

4　植物に様々な形があるように、人間も一人一人が違うことを認めるのが大切だ。

1　本を読んでもその内容をすぐに忘れてしまう。そんな経験は、おそらく誰にでもあるのではないか。

（中略）

　私が効果的だと思うやり方は、本を読んだらとにかく人にすぐその内容を話すということだ。読んだ直後や読んでいる最中ならば、何とか話の内容は覚えている。知識がまだホットなときに、人

5　に話してしまうのだ。時間が経てば経つほど記憶は薄れていく。読んだらすぐに人に話すようにすれば、記憶は定着しやすい。（中略）

　相手がその本を読んだことがある必要はない。その本の内容に関心を持っている必要さえない。自分がその本の主旨を話して、その本の魅力を具体的に語ることができればいいのだ。話のあらすじや主旨を語ることはもちろん大切だが、それに加えて重要なのは、短くてもいいから具体的な言

10　葉を引用しながら話すことだ。ほんの一言でもいいから、著者自身の言葉が話の中に盛り込まれるだけで、格段に話は厚みを増し、しかも生き生きとしてくる。

　一文だけでもいい。心に強く印象に残った文章を暗記しておいて、人に話しまくるのだ。はじめは本を見て話してもいい。何度か話しているうちに覚えてしまうだろう。本の話をいきなり一方的にされても受け入れてくれる程度の友だちがいることが、このやり方の場合必要となる。お互いに

15　ごく自然に、読んだ本の話をしあって、記憶しやすくしておくような関係は、友人と呼ぶにふさわしい関係だ。

（齋藤孝『読書力』岩波書店による）

（注1）主旨：文章や話の中心となる部分
（注2）格段に：さらにもっと
（注3）話しまくる：盛んに話す。休みなく話す

1　筆者によると、本の内容を忘れないために有効な方法はどれか。

1　内容が伝わるかどうかはともかく、読んだことがない人に話す。

2　相手が読んだことがあるかどうかにかかわらず、本の内容を人に話す。

3　周りに人がいるかどうか気にせず、暗記した文を声に出して言う。

4　本を読んでいない人に内容が伝わるように、読んで聞かせる。

2　本の内容を人に伝えるときに重要なことは何か。

1　本に書かれている言葉や文章をそのまま取り入れること

2　話の中心となる部分を長くなってもいいから具体的にまとめること

3　本のままでなく自分の言葉に置き換えること

4　内容を正しく伝えられるように、本を見ながら話すこと

3　この文章で筆者が最も伝えようとしていることは何か。

1　本の内容を伝える方法

2　本の内容を覚えておく方法

3　いい友だちを見分ける方法

4　いい本と出会う方法

(3)

1　人間には白目がありますが、類人猿にはありません。サルにも白目はありません。霊長類の中で(注1)　　　　　　　　　　　　　　　　　　　　　　　　　　　　　　(注2)
唯一、人間だけが白目を持っています。白目というのは、実は感情表現において重要な役割を果た
しています。人間は白目の動きを通して、相手の心の動きをつかむのです。黒目ばかりの瞳だと何(ひとみ)
を考えているのかわからないのですが、白目があると表情が出るのです。

5　目は、本来急所で隠したい部分なので、ほかの霊長類には白目がありません。カモフラージュす(注3)　　　　　　　　　　　　　　　　　　　　　　　　　(注4)
るためです。白目があると、視線がどちらを向いているのかもわかってしまうので、行動が読めて
しまいます。これはコミュニケーションには有効なのですが、捕食者に対峙するときには大変なデ(注5)　　(注6)
メリットです。

　　人類は進化の過程で道具を使用するなどしてほかの動物の脅威から身を守る術を得ましたから、(注7)　　　　　　　　(すべ)
10　白目のデメリットが低下しました。視線をカモフラージュするよりも、白目を活用した視線による
コミュニケーション能力を進化させたのです。白目があれば、その人が何を今見ていて、何を考え
ているかを集団内で理解し合い、共有できるからです。

　　白目を活用するコミュニケーションには相手との程よい距離が必要です。あまり顔を近づけすぎ(きょり)
ると、逆にわからなくなってしまうんですね。だから人間はゴリラほど顔を寄せ合わずに対面する
15　のです。

（山極寿一『「サル化」する人間社会』集英社インターナショナルによる）

（注1）類人猿：ゴリラなどのサルの仲間。ヒトに近い動物
（注2）霊長類：ヒトも含むサルの仲間
（注3）急所：体の中で生命にかかわる大事な所
（注4）カモフラージュ：敵に見つからないようにすること(てき)
（注5）捕食者：生物をとらえて食べるもの
（注6）対峙する：にらみ合い対立する
（注7）脅威：脅かされ感じる恐ろしさ(おびや)

1 筆者によると、サルなどの動物に白目がないのはどうしてか。

1 コミュニケーションをとる必要がないため

2 敵（てき）に行動が読まれないようにするため

3 隠（かく）れている敵（てき）をいちはやく見つけるため

4 人間ほどの豊かな感情がないため

2 人間にとって白目のデメリットが低下したのはどうしてか。

1 コミュニケーション能力が発達したから

2 ほかの動物と違って食べられる危険がないから

3 道具を持つことによって自分を守る方法を得たから

4 体が進化してほかの動物を恐れる必要がなくなったから

3 この文章からわかることは何か。

1 人間が相手との距離（きょり）を取るのは、相手が何を考えているかを知るためである。

2 ゴリラは対面しなくても、相手から感情を読み取ったり共有したりできる。

3 人間以外のサルの仲間は、白目以外を使ってコミュニケーションをしている。

4 人間は進化の過程で白目を得たが、ほかのサルの仲間は進化の過程で白目を捨てた。

内容理解（中文） Comprehension (Mid-size passages)

　次の(1)から(3)の文章を読んで、後の問いに対する答えとして最もよいものを、1・2・3・4から一つ選びなさい。

(1)

1 　読書の習慣化という意味では、小学校時代はまさに「黄金期①」なんです。この時期に子どもが本にどう向き合うのかによって、その後の状況が大きく変わっていきます。

　今の小学生が親世代と違うところは、すでに物心ついたころ（注1）からスマホやSNSが身の回りにあったという点です。

5 　それ以前の時代に育った世代は、本に触れる機会がまだまだ多かったのではないでしょうか。その中で本の面白さを発見し、本からさまざまなメリットを受け取ってきたと思います。幼少期にそうした経験を持っている人たちは、大人になった今でも「本を読む」という行為が生活の一部になっているはずです。

　幼いころの体験には計り知れない（注2）影響力があります。本の楽しさを知ることができた子どもたちは、
10 将来、スマホにハマった（注3）としても、必ずどこかで本に戻ってきます。幼少期の本とのふれあいは、長年にわたって効果を発揮し（注4）続けるのです。

　ところが、そうした経験②を一度もせずに、スマホやSNSの世界にいきなり放り込まれれば、子どもたちは読書を一切しない人生を送ることになるかもしれません。

（中略）

15 　いい本に出合うと人はさまざまな感情に揺さぶられ、内面に大きな変化を起こします。その変化は目には見えませんが、とても大切な要素であり、人の成長には欠かせません。

　本とのいい出合いを数多く経験し、豊かな人生を築いていってほしい——。私のみならず、これこそがすべての親御さんの望みなのではないでしょうか。

（東洋経済オンライン <https://toyokeizai.net/articles/-/395126> 2021年2月23日による）

（注1）物心ついたころ：幼児が身の回りのことを理解できるようになったころ
（注2）計り知れない：想像できないほどの
（注3）ハマる：はまる。夢中になって抜け出せなくなる
（注4）効果を発揮する：効果を示す

1 この文章で①<ruby>黄金期<rt>おうごんき</rt></ruby>とはどんな時期か。

1 本の好みが決まる時期

2 読書の習慣がつく時期

3 本の内容に行動が左右されやすい時期

4 本以外のものに興味の対象が変わる時期

2 ②そうした経験とはどんな経験か。

1 本を読んでその面白さを知る経験

2 本からスマホやSNSの使い方を学ぶ経験

3 スマホやSNSに夢中になった経験

4 本の<ruby>魅力<rt>みりょく</rt></ruby>を親から教えてもらう経験

3 筆者の考えに合っているのはどれか。

1 本を読んで育った人でも、スマホに夢中になると読書をしなくなってしまう。

2 親は子どもにスマホを与える代わりに、たくさんのいい本を与えるべきだ。

3 子どもたちには本を通して、いろいろな人たちと出会ってほしい。

4 本を読んでいろいろな気持ちを抱くことで人は成長できる。

1　正常と異常、健康と病気、そういう区別がはっきりあるのだというようなものの見方では、大切な本質は見えてきません。ただ診断マニュアルに従って病気の診断をし、それに基づいた知識を投(注1)入し診察をしても、それだけでは、そのクライアント個人の抱える問題の本質からは遠ざかるばか(注2)りです。

5　近代以降の社会は、確かにそういうふうに正常と異常を分けて考えてきたけれども、元々は境目のない、連続したものであるということ。そういう分け隔てのない見方で人間を見た上で、この場(注3)合にはこういう意味で精神医学的なサポートが必要だという順番で考えていくのでなければならないわけです。

しかし、これは医療者側だけの問題ではありません。クライアント自身も「自分は異常なんだ」①
10　とか「私はどうせ病気なんだから」というように、自分に対して差別的な見方をしてしまっていることがかなりあります。そう見てしまったのでは、自分の内部で先ほどの図の右側と左側のような(注4)分断が起こってしまい、問題が余計に複雑になっていってしまいます。

まずは、自分を一つのものとして捉えていくこと、異常／正常というレッテル貼りを自分自身に対して安易に行わないこと、そういうことがとても大切だと思うのです。②　　　　　　　　　　　　　　　　　　　　　　(注5)

（泉谷閑示『「普通がいい」という病』講談社による）

（注1）マニュアル：説明書。手順が書かれたもの
（注2）クライアント：客。この文章では精神科にやってきた患者
（注3）分け隔て：相手によって扱い方に差別をつけること
（注4）先ほどの図：この文章より前の部分で、筆者は異常と正常をはっきりと区切る線を引いた図を使い、分断について説明している。
（注5）レッテル貼り：一方的、断定的に評価をつけること

1 筆者は、精神科における診察についてどう考えているか。

1 しっかりと病気と向き合えるように、患者には病名をきちんと示すべきだ。

2 患者の問題を見落とさないように、診断マニュアルに厳密に従うべきだ。

3 患者の不調を異常とは考えず、それぞれの症状に合った支援をするべきだ。

4 どのような状態の患者に対しても、サポートの方法は同じであるべきだ。

2 ①これとは何か。

1 精神的な異常が生じること

2 問題に本質から取り組むこと

3 正常と異常を分けて考えること

4 精神病患者として差別されること

3 ②そういうこととはどういうことか。

1 健康が何よりも一番いいと思い込まないこと

2 自分の問題は人のより複雑だと悩まないこと

3 自分は一人ぼっちで孤独だと考えないこと

4 自分が正常か異常かを簡単に評価しないこと

1　赤ちゃんはこれから学んでいく母語がいつごろからわかるのでしょうか？　もっとも「母語がわかる」というのは曖昧な言い方で、<u>答えようがないかもしれません</u>。言語の学習には、母語で使う音の学習、ことばの意味の学習、文法の学習など実にさまざまな要素があります。その中で、赤ちゃんが最初に学習するのは母語のリズムとイントネーションの特徴です。どのくらい早いかというと、なんと

5　赤ちゃんがお母さんのおなかの中にいる時からはじまるのです。赤ちゃんは羊水という水の中にいます。水中にいると、外で何を話しているかよく聞き取れませんね。でも、音が高くなったり低くなったりするのはわかります。また、例えば「ダダダ、ダダー、ダダダダ、ダダッ」といったリズムは水中でもよく伝わります。赤ちゃんは自分の置かれた環境、つまり水の中でも、できることをはじめているのです。

10　実際、生まれたばかりの赤ちゃんは、自分の母語と母語でない言語を聞き分けることができます。日本語の環境にいる赤ちゃんに英語や中国語を聞かせると、日本語とイントネーションやリズムのパターンが大きく異なることから、それが自分の聞き慣れている言語ではないことにすぐに気づくのです。

（今井むつみ『ことばの発達の謎を解く』筑摩書房による）

（注）イントネーション：話すときに現れる声の上がり下がり。音調

1 答えようがないかもしれませんとあるがなぜか。

　1　どんな状態を「母語がわかる」というのか決められないから

　2　赤ちゃんは自分がどのくらい理解しているか答えられないから

　3　言語によって赤ちゃんにとっての難しさが違うから

　4　赤ちゃんの言語力を測定することは非常に難しいから

2 筆者によると、赤ちゃんはお母さんのおなかの中で何をしているか。

　1　母語の発音を聞いて、それがまねできるように、発声の準備をしている。

　2　母語のリズムやイントネーションに合わせて自分の体を動かしている。

　3　リズムやイントネーションから、自分の母語とそれ以外を聞き分けている。

　4　外から伝わる音を聞いて、母語のリズムとイントネーションを学んでいる。

3 筆者によると、生まれたばかりの赤ちゃんにできることは何か。

　1　外国語を聞いて、そのリズムやパターンを覚えること

　2　外国語を聞いて、それが自分の母語ではないと気がつくこと

　3　複数の外国語を聞いて、それらの外国語の違いに気がつくこと

　4　自分の母語を聞いて、そのリズムやパターンをまねすること

内容理解（中文）Comprehension (Mid-size passages)

　　次の(1)から(3)の文章を読んで、後の問いに対する答えとして最もよいものを、1・2・3・4から一つ選びなさい。

(1)

1　　キャスターは、最初に抱いた疑問を最後まで持ち続けることが大切だ。いかに視聴者の関心や_(注1)思いをすくい取り、納得がいくように伝えるか。そういう意味での、<u>視聴者の目線に立つ</u>ということ。_(注2)視聴者になり代わって、大事なことは繰り返し、質問の形を変えてまでも、しつこく聞く。

　　インタビュー相手からはときに、「まだ聞くのか」とあきれられたり、露骨に嫌な顔をされること_(注3)5　もある。日本では、政治家、企業経営者など、説明責任のある人たちに対してでさえ、インタビューでは深追いしないことが美徳といった雰囲気、相手があまり話したくないことはしつこく追及しな_(注4)いのが礼儀、といった感じがまだまだあるように思える。しかし、インタビューというものは、時代や社会の空気に流されず、多くの人々に広がっている感情の一体感とでもいうものに水を差す質_(注5)問であっても、問題の本質に迫るためには、あえて問うべきだと思う。「今日の話はここまでにしよう」10　と思っている人に、もう一歩踏み込んで、さらに深く話をしてもらうためには、こちらの情熱と、しつこさにかかっているのだ。

　　だから、あれもこれも網羅的に聞くのではなく、「ここぞ」というテーマに絞って、横から下から_(注6)上からと聞く。インタビューの名手、作家の沢木耕太郎さんは、「インタビューに必要なものは、その人_(注7)を理解したいという情熱だ」と書いている。まさにそうなのだ。_(注8)

（国谷裕子『キャスターという仕事』岩波書店による）

（注1）キャスター：テレビなどのニュース番組で司会、進行をする人
（注2）すくい取る：ここでは、取り出す
（注3）露骨：相手にわかるように、はっきりと
（注4）美徳：正しい行い
（注5）水を差す：物事がうまくいっているときに邪魔をすること
（注6）網羅的：幅広い範囲で
（注7）ここぞ：勝負や仕事の流れの中で、重要な影響を与えるところ
（注8）名手：名人。上手な人

1 　視聴者の目線に立つとは、どういうことか。

1 　視聴者の関心が高い事柄を取り上げ、それを納得できるように伝えること

2 　視聴者から受けた質問を、代わりに自分がインタビュー相手に聞くこと

3 　視聴者にとって大事な情報を選び、それを何度も繰り返し放送すること

4 　視聴者から寄せられた様々な質問に対して、すべて丁寧に回答すること

2 　筆者によると、インタビューをする際に必要なものは何か。

1 　他の人とは違う、自分ならではの視点

2 　時代や社会の空気を感じ取る能力

3 　相手についてもっと知りたいという熱い気持ち

4 　最初にした質問を最後まで覚えていられる記憶力

3 　筆者の考えに合っているものはどれか。

1 　インタビューをする際は、深追いしない、追及しないというルールを守らなければならない。

2 　インタビュー相手に多く話してもらうには、マナーを守り、丁寧な言葉遣いをすることが大
　　切だ。

3 　せっかくのインタビューの機会だから、様々なテーマについて、たくさん質問したほうがいい。

4 　問題の本質を明らかにしたいのなら、インタビューでは聞きにくい質問もあえてするべきだ。

(2)

1　人間というのはあらゆる生物のなかで、とくに〈考える〉ことに長けた種です。そういう種とし
て生まれたからには、この喜びを味わわないともったいない！と思うのです。

（中略）

　ところが現在、〈考える〉のが「面倒くさい」という人が、とくに若い世代のなかに増えているよ
5　うに思います。これは生きる喜びの放棄ですし、ひじょうに怖いことだと私自身も危機感を感じて
①　　　　　　　　　　　　（注2）
います。

　何か自分では超えられそうもない問題に直面して、考えて考えて、何とか乗り越える。その経験
が自信になって次に向かうエネルギーがわいてくるものなのに、はなからそれがなければ、生きる
（注3）
エネルギー自体がしぼんでいってしまいます。これはひじょうにさびしいですね。平和で豊かなよ
②
10　うでも、生きるエネルギーが弱いというのはさびしい。

（中略）

　考えることを嫌う傾向、これは大変怖いことです。ここ数十年の日本の安定した社会のなかでは、
ある程度「何も考えなくても」生きていけた。しかし状況は変わりつつあり、今後はますます自力
で考えて瞬時に行動できる瞬発力がなければ、現実に対応していくことがむずかしくなっていくでしょ
（注4）　　　　　　（注5）
15　う。それに何より、考えることを放棄することで、生きていることの価値、喜びが減じてしまうの
ではないかと残念なのです。

（齋藤孝『考え方の教室』岩波書店による）

（注1）　長ける：すぐれている
（注2）　放棄：自分の権利や資格を捨てること
（注3）　はなから：最初から
（注4）　瞬時：ほんのわずかな時間
（注5）　瞬発力：判断が速く、すぐに行動できる能力

1　①これとは何を指しているのか。

1　自分が何のために生まれてきたのかを深く考えずに生きていること

2　考えることが得意な人間として生まれたのに、それをしないこと

3　一つのことについて考えすぎてしまい、途中で考えるのをやめること

4　考える力が衰えていることを、すべて時代のせいにしていること

2　筆者が②ひじょうにさびしいと述べているのはなぜか。

1　困難な問題に立ち向かっていっても、それを乗り越えられない人が多いから

2　自分からエネルギーを生み出すことができずに亡くなる人が増えているから

3　近年、全く自分に自信のない人が増加し、社会に活気がなくなっているから

4　考えて困難を乗り越えようとしないと、生きるエネルギーも減少してしまうから

3　この文章の内容に合うものはどれか。

1　平和で豊かな時代になると、考えるのが面倒くさいという人が増える。

2　何も考えないことこそが、これからの時代を生きていくために重要である。

3　考えることで、人間として生きる価値や喜びを感じることができる。

4　自ら考え、すぐに行動できない人は、考えることを捨てているのと同じである。

（3）

　以下は、ある声優が、これから声優を目指す人たちに向けて書いた文章である。

1　　今は、僕らの頃の時代とちがいます。なり手が圧倒的に増えています。また、各社の養成所の教
　育体制もしっかりしてきたので、仕事をするうえでの基本的な知識はほとんどの人が身につけてい
　ます。だから競争が厳しい。少しでもふるい落とそうと必死です。いろんなところで粗探しをされ
　ます。

5　　そんな時代だからこそ、ぜひ強調しておきたいことがあります。
　①
　声優になりたいと思うのであれば、必ず日本語力を身につけてください。
　学生の方であれば、国語の成績でトップを目指してください。
　　　　　　　　　　②
　声優というのは毎日、文章と付き合う仕事なんです。
　僕らの演技の土台となってくれる台本は、アニメーションでも音声でもなく、文章で書かれてい
10　ます。僕らは毎日文字とお付き合いしているので、離れることはできません。

　　アニメやゲームばかりに意識がいっていると、このことに気がつかない人が多いんです。

　　そして、自分が声優を志したときになってようやく、書いてあるものをスラスラと読むことも内
　容を正しく理解することもできないことに気づくのです。

　（中略）

15　　本もよく読んだほうがいいと思います。僕は体育会系だったので運動ばかりやっていて、読書と
　は疎遠な子ども時代を過ごしていましたし、学校の成績もトップではありませんでした。声優になっ
　たときに日本語力があったほうだとは決して思いません。

　　だから苦労しました。読書もたくさんして、勉強もしました。本を読んで、自分の頭で考えて、
　知識を自分のものにしていくことが大切です。

（森川智之『声優　声の職人』岩波書店による）

（注1）なり手：それになる人。それになろうとする人
（注2）養成所：ここでは、声優になるための専門的な技術を教える機関のこと
（注3）粗探し：他人の欠点を探し出すこと
（注4）台本：演じる役のせりふが書いてある本
（注5）志す：目標にして進むことを決める
（注6）疎遠な：遠くて、関係が薄いこと

1 ①そんな時代とは、具体的にどんな時代か。

1　声優になるために必要な知識が増えている時代

2　声優の教育機関が互いに競い合っている時代

3　声優になる人が以前よりも増加している時代

4　仕事をするうえで欠点のある声優が多くなった時代

2 筆者が②国語の成績でトップを目指してくださいと言っているのはなぜか。

1　声優という仕事には文章を読み解く力が重要だから

2　たまにはアニメやゲームから離れる時間も必要だから

3　成績がよくないと、声優になっても成功できないから

4　日本語力が証明できると、声優の仕事が多くもらえるから

3 この文章の内容に合っているものはどれか。

1　声優には、周りの人を蹴落としてでも仕事を得ようという気持ちの人が多い。

2　子どもの頃、十分に勉強せずに運動ばかりしていた人は、声優に向いていない。

3　最近の声優は、昔に比べて台本を正しく理解できないという人が増えている。

4　声優の仕事には日本語力が欠かせないと認識し、それを養うことが重要だ。

内容理解（中文）Comprehension (Mid-size passages)

　　次の(1)から(3)の文章を読んで、後の問いに対する答えとして最もよいものを、1・2・3・4から一つ選びなさい。

(1)

1　　森の中で火事が起きた。動物たちはみんな逃げだした。猛烈な火の勢いに圧倒され、ただ見守るばかりだった。「ぼく、何かできるかも」。一羽のハチドリが飛び立った。

　　ハチドリは川の水を口に含むと火にまいた。何度も何度も往復するハチドリに他の者は言った。「君は小さくて、一滴ずつしか運べない。火は消えないよ」。ハチドリは答えた。「それでも、ぼくは自分にできることをするよ」。中南米などに伝わる民話と聞く。

5　　一時は消火活動に当たる自衛隊のヘリコプターが、か弱いハチドリに思えるほどの火と煙の勢いだった。栃木県足利市の両崖山周辺の山火事。発生から一週間が過ぎ、ようやく鎮火の兆しが見えてきた。ありがたい。一時、火の手は住宅地にまで迫っていた。

　　この時期、現地では赤城山からの乾燥した風が吹きつけるそうだ。乾燥と強風が火事をいっそう

10　どう猛にし、長期戦になったようだ。消火を助ける雨にも恵まれなかった。

　　いったん火がつけば、知恵と技術を誇るはずの人間さえ、力なきハチドリに等しいのか。山火事の恐ろしさをあらためて知る。

　　出火原因はまだ分からないが、火の不始末を疑う声も出ているそうだ。「ぼく、何かできるかも」。山火事を消すハチドリは無理かもしれぬが、山で火事を決して出さぬ用心深いハチドリにはなれる

15　だろう。それがわれわれにできる何かである。

（東京新聞Web <https://www.tokyo-np.co.jp/article/88771?rct=hissen> 2020年8月31日による）

（注1）ハチドリ：鳥の一種。体長が10センチメートルほどの小さい鳥
（注2）鎮火：火事が収まること
（注3）火の手：火の勢い
（注4）どう猛：ここでは、激しい
（注5）火の不始末：火をきちんと消さなかったこと

1 筆者によると、栃木県足利市の山火事が長く続いた原因は何か。

1 その山に、火を消してくれるハチドリが一羽もいなかったこと

2 その山に住む動物たちを避難させるのに時間がかかってしまったこと

3 派遣された自衛隊のヘリコプターが小さく、頼りないものだったこと

4 乾燥した強い風が吹いたことに加え、雨も降らなかったこと

2 知恵と技術を誇るはずの人間さえ、力なきハチドリに等しいとはどのようなことか。

1 人間もまた、ハチドリと同様に山火事の前では無力だということ

2 ハチドリより人間のほうが早く山火事を消すことができるということ

3 人間もハチドリも共通して、山火事は恐ろしいと思っているということ

4 人間よりハチドリのほうが、山火事に慣れているということ

3 この文章で筆者が最も言いたいことは何か。

1 山火事が起こったら、何よりもまず、山の動物たちを守ることを考えるべきだ。

2 今回の山火事を忘れないように、この恐ろしさを他の人にも伝えていくべきだ。

3 山火事を起こさないように、自分ができることを認識し、実行していくべきだ。

4 今後のためにも、山火事が起きた原因を一刻も早く解明し、公表するべきだ。

1　約十年ほど前、英語学習雑誌の編集者にこんな話を聞いた。

　「うちの読者はみなさん、すごくまじめなんです。アメリカやイギリスを旅行したい、留学したいと思って一生懸命、英語を勉強するんですが、どれだけやっても『まだ英語力が足りない』と思ってしまい、いつまでたっても現地に行けない。そういう人がすごく多いんです」

5　もはや何のために英語を勉強しているのかわからず、本末転倒も甚だしいが、これを笑う気にはなれない。
①

　私も、たまたま大学で探検部に入ったために変な方向にそれてしまったが、もともとの気質からいえば、こちらのタイプだからだ。

　このタイプは、理想やプライドが高い。何かやるからには極めなければいけないと思っている。
②
10　二流を認めず一流をめざす癖がある。そして、その理想の高さゆえに、なかなか第一歩が踏み出せない。

　こういう人は頭の中でいろいろシミュレーションをするのが好きだ。シミュレーションをしすぎて、悪い想像力も働くので「強盗にあったときリスニングが悪いと命にかかわるかも」なんて思って、また英語の勉強に励むということになる。

15　（中略）

　どの世界もやったもの勝ちである。いくら猛練習を積んでも絶対に試合に出ない野球選手に価値はない。

　一流の素材より、二流のプロのほうがずっとマシである。

　最初から一流でなく二流をめざすべきとはそういう意味で、自分に言い聞かせているのである。

（高野秀行『間違う力』KADOKAWAによる）

（注１）本末転倒：本当に大切なことと、大切ではないことを取り違えること
（注２）探検部：筆者が通っていた大学のクラブ活動のひとつ
（注３）理想の高さゆえに：理想が高いために
（注４）シミュレーション：ここでは、試してみること
（注５）やったもの勝ち：実際にやった人が勝つということ

1 ①<u>笑う気にはなれない</u>とあるが、なぜか。

1　いくら頑張（がんば）っても留学するチャンスが来ないから

2　英語を学ぶ目的をわかっていないから

3　自分も同じ考え方をしていたから

4　進路は突然変わってしまうものだから

2 ②<u>このタイプ</u>とはどんなタイプか。

1　英語が完璧（かんぺき）になってからアメリカやイギリスへ行きたいタイプ

2　英語が話せなくても気にせずアメリカやイギリスへ行くタイプ

3　アメリカやイギリスで実際に英語を使って生活できるタイプ

4　アメリカやイギリスへ行かないと英語は上達しないと考えるタイプ

3 筆者の考えに合っているものはどれか。

1　努力は無駄（むだ）で、実力は経験によってつくものなので、とりあえず経験を積んだほうがいい。

2　準備不足は失敗の元なので、何かを始めるときには自分が納得できるまで実力をつけてから
　行動に移すべきだ。

3　自分のことを一流だと思っている人は理想が高すぎるため、二流でプロになっている人のほ
　うが現実的だ。

4　準備を完全にしようとして結局行動に移せないよりは、準備が不完全でも行動に移すほうが
　いい。

(3)

1　カラスを研究していると、当然、カラスについて尋ねられることがよくある。たとえば、「カラスと目を合わせると襲われるのだろうか？」といった質問だ。

　あるいは、「カラスは人を狙って糞を落とすのか？」「カラスはいじめた相手に仕返しをするのか？」「集団で報復に来るのか？」などもある。

5　（中略）

　これらの質問には共通した点がある。カラスのやることを、ことごとく人間（か、せいぜいサル）の行動のように解釈している、という点だ。

　（中略）

　人間はしばしば、自分自身の行動原理を動物に投影し、勝手に動物像を作り上げ、その虚像にあ
10　だこうだ言っているわけである。

　ただし、人間が作り上げた虚像も、それはそれで一つの物語であり、世界の把握の仕方の一つであることは間違いない。古代社会において、神話や伝説が世界を説明する方法であったのと同じである。例えば、カラスは仲間の葬式をするとか、悪がしこいとか言う「物語」も、それはそれで、人間にとって納得のゆくストーリーだ。

15　だが、ストーリーはそれ一つではない。生物学に則った理解も、世界の見方の一つだ。

　動物の目から見た時に世界はどんなものか、という視点を持っているのは、悪いことではない。例えば野生動物を観察している時、例えばカラスがゴミ袋をつつきたがっている時、あるいは、鳥がさえずっているのを眺めている時。人間の常識から踏み出して、動物たち自身の視点に合わせて世界を見ようとする時、生物学的な解釈は極めて正しい方法である。

（松原始『カラスはずる賢い、ハトは頭が悪い、サメは狂暴、イルカは温厚って本当か？』山と渓谷社による）

（注1）報復：自分に害を与えた相手に対して、やり返すこと
（注2）ことごとく：すべて、残らず
（注3）虚像：本当の姿とは異なるイメージ
（注4）則る：従う
（注5）さえずる：鳥が歌うように鳴くこと

1 筆者は、①人間が何をしていると言っているか。

1 動物の考えていることを、正しく理解しようと努力している。

2 動物の行動はすべて人間に向けて起こされたものだと考えている。

3 動物を助けるつもりで、実際には動物のためにならないことをしている。

4 動物の行動を人間の行動に当てはめて、その動物の印象を作り上げている。

2 ②それとは何か。

1 古代の人々に信じられていたストーリー

2 人間が勝手にイメージして作ったストーリー

3 動物の視点で作ったストーリー

4 人間の常識が通じないストーリー

3 筆者の考えに合うのはどれか。

1 動物の行動原理を想像することを否定はしないが、生物学的に見ることも重要だ。

2 人間の思い込みで動物に特定のイメージを与えてしまうのはよくないことだ。

3 研究者として動物を見るときは、感情を捨て、常識的に観察するべきだ。

4 昔から考えられてきた動物のイメージに左右されるのは非常識なことだ。

統合理解 Integrated comprehension

次のＡとＢの文章を読んで、後の問いに対する答えとして最もよいものを、1・2・3・4から一つ選びなさい。

A

1　マンションは、購入してからたった数年で資産価値が下がると聞いたことがあります。それなら、わざわざ大金を払って購入したりせず、賃貸の部屋に住むほうがいいのではないでしょうか。

　確かに、賃貸の部屋はいくら家賃を払い続けても自分の所有物になることはありません。
5　しかし、賃貸には生活スタイルに合わせていつでも引っ越せるという身軽さがあります。快適な生活を送るためには近所とのいい人間関係が大切です。もし、人付き合いでトラブルが起きてしまったら、住居を変えることは一つの解決法になるのではないかと思います。一方、マンションを一度購入してしまうとなかなか生活環境を変えることはできません。

10　その時その時の状況に応じて住まいを変えていくほうが、より快適な暮らしを実現できるはずです。やはり、マンションは購入しないほうがいいと思います。

B

1　私は数年前にマンションを購入しました。決して、安くはない買い物でしたが、頭金さえ払ってしまえば、毎月、この地域の平均の家賃とほぼ同額の支払いで将来的に自分のものになるのです。やはり購入してよかったと思っています。"人から借りた"部屋に住んでいるのではなく、そこは"自分の城"なのです。

5　確かに、地域の集まりやら、近所付き合いやら、面倒に感じることもありました。しかし、そこに住む人が皆で協力をして、いい街にしようとしていることなのですから、むしろありがたいことだと、今では思えるようになってきました。

　生活をする上で最も大事なことは、その土地に慣れ、人と人とのつながりを大事にして、いい関係を築いていくことなのではないでしょうか。私は住居を購入することで、その
10　街に対する愛情や責任感が増すと思っています。やはりマンションは購入すべきだと思います。

（注1）資産：財産のこと
（注2）所有物：自分の持ち物
（注3）身軽さ：荷物などが少なく行動がしやすいこと。責任の軽さ
（注4）頭金：分割払いなどで、最初に払うまとまったお金
（注5）築く：作り上げていくこと

1　マンションを購入することについて、AとBはどのように考えているか。

1　AもBも、マンションは高額なので、気楽に住める賃貸に住むほうがいいと述べている。

2　AもBも、マンションは高額でも、将来的に財産になるので購入したほうがいいと述べている。

3　Aは財産が減ってしまうので購入の必要はないと述べ、Bは支払いが無理なくできそうなら購入したほうがいいと述べている。

4　Aはいつでも住む場所を変えられるように購入しないほうがいいと述べ、Bは住む街に愛情が持てるようになるので購入したほうがいいと述べている。

2　生活する上で、AとBが共通して必要だと考えていることは何か。

1　無理のない支払い

2　適度な地域活動

3　良好な人間関係

4　住む場所への責任感

次の文章を読んで、後の問いに対する答えとして最もよいものを、1・2・3・4から一つ選びなさい。

以下は、子育てをしている人に向けて書かれた文章である。

1　子供の汚れを知ったとき、それを「イヤだ」と感じることまで封^{（注2）}じることはできませんが、カッと
なって闇^{（やみ）}くもに排除^{（はいじょ）（注3）}することは、やはり間違いだと思います。大目に見てあげればいい。社会は本^{（注4）}
気で都合が悪くなってきて大目に見ないときは、残酷^{（ざんこく）}なほど見ません。しかし、親が子供に対して、
社会と同じ基準で裁^{（さば）（注5）}いては親の甲斐^{（かい）}がないと思う。大目に見てあげなくてはいけない。大目に見る^{（注6）}
5　ことは親にしかできない場合もあると思います。

ぼくは、会社に勤めていた二十代のころを思い出しますと、よくまあ周囲の人たちが大目に見て
くれたものだと思います。振り返^{（ふ　かえ）}って、とても恥ずかしい。と同時に、もし周囲の人が厳^{（きび）}しくて、
一つ一つ正論^{（せいろん）（注7）}で叩^{（たた）}かれ経験を誇^{（ほこ）}られ、「コテンパンにやられていたら、ダメになっていたかもしれない」^{（注8）}
という気がします。

10　なんであんなにみんな大目に見てくれていたのか、不思議な気もしますが、そのお陰^{（かげ）}で、自分で
自分のいたらなさに気づき、時間をかけてそれを正したりする余裕^{（よゆう）}が持てたのだと思います。頭^{（あたま）}ごな
し^{（注9）}に叱^{（しか）}られてばかりいたら、自分できり拓^{（ひら）}いて行くというような気持にならなかったろうと思う。^{（注10）}^{（注11）}
ですから、ぼくは若い人に対してできるだけ大目に見なければいけない、と思ってしまいます。

知らん顔をしてあげることも大事だと思います。「子供の言動を把握^{（は あく）}していてください」「友達に
15　はどんな子がいるか知らないようではいけません」というようなことをよく耳にします。とんでも
ないと思います。子供というものは親にすべて見られていたら、成長しないところがあると思う。
親の目を気にして、自分の中の汚れを排除^{（はいじょ）}して生きると、育たないところがあるように思います。
暗闇^{（くらやみ）}で育つ、という部分が人間にはあるのではないでしょうか。親の目の届かない暗闇^{（くらやみ）}をなくして
しまったら育たなくなる。

20　（中略）

子供を理解する、親を理解する、妻を理解する、夫を理解する、といった他者への理解というのも、
きっとほどほどにしなければいけないのでしょう。人間の暗闇^{（くらやみ）（注12）}は底知^{（そこし）}れなくて、実は恐^{（こわ）}いものです。^{（注13）}
それをやたらに知ろうとしてはいけないのではないかと思います。まあ妻と夫ならば大人同士です
からなんとなく分っていて、お互いに見て見ぬふりができますが、子供に対しては、特に小学生ぐ
25　らいまでの子供に対しては、詮索^{（せんさく）（注14）}して根掘^{（ね ほ）}り葉掘^{（は ほ）}り知ろうとするのは、とても乱暴で有害なこと^{（注15）}な
のではないでしょうか？

（山田太一『親ができるのは「ほんの少しばかり」のこと』PHP研究所による）

（注1）　汚れ：ここでは「失敗」や「恥じるべき行い」の意味
（注2）　封じる：発言や行動を止める
（注3）　闇くもに：特に考えもなく
（注4）　大目に見る：優しく見守ること
（注5）　残酷：ひどく厳しく冷たいこと
（注6）　裁く：いいか悪いかの判断をする
（注7）　正論：正しい意見
（注8）　コテンパン：徹底的に打ちのめされること
（注9）　いたらなさ：不十分であること
（注10）　頭ごなしに：一方的に決めつけた態度で
（注11）　きり拓く：困難や障害を乗り越え道を開く
（注12）　ほどほどにする：適度にする
（注13）　底知れない：限度がわからない、無限である
（注14）　詮索する：よりくわしく知ろうとして調べたり探したりする
（注15）　根掘り葉掘り：しつこく細々と

1　筆者が若いころ、周りにいた人たちはどのような人だったか。

　1　若者の汚れにとても厳しく、間違ったことはすぐに非難してくる人たち

　2　自分たちが若かったころと筆者を比べて、一方的に注意してくる人たち

　3　失敗をしてもあまりうるさく言わず、優しく見守ってくれる人たち

　4　若者がどんなことをしても、知らん顔をする人たち

2　とんでもないと思いますとあるが、何がとんでもないのか。

　1　子供が親からすべてを見られて育つこと

　2　子供が自分の中の汚れを排除しようとしないこと

　3　親が子供の成長のために暗闇を作ること

　4　親が子供を無視して管理しなくなること

3　筆者の考えに最も合うものはどれか。

　1　他者のすべてを理解したいと思うことは、実は乱暴で有害なことである。

　2　人間の暗闇は限度がなく恐いものなので、決してのぞくべきではない。

　3　お互いに見て見ぬふりができれば、いい人間関係をつくることができる。

　4　大人より小学生ぐらいの子供のほうが暗闇が深いことを知るべきだ。

統合理解 Integrated comprehension

次のＡとＢの文章を読んで、後の問いに対する答えとして最もよいものを、1・2・3・4から一つ選びなさい。

A

1 　最近、新聞やテレビではなく、ユーチューブやフェイスブック、ツイッターなどのＳＮＳを通じて情報を得る人が増えている。特に、若い人の中には新聞やテレビを全く見ず、情報はＳＮＳからだけという人もいるようだ。ＳＮＳは場所や時間を問わず、気軽に情報を入手できて便利だという意見も聞くが、そればかりに頼るのは危険である。

5 特に、ＳＮＳで個人から発信される情報には注意が必要だ。

　新聞やテレビなどは発信者が明らかになる分、情報に対して責任を持つ。そのため、情報は綿密な取材と真偽の確認を経たうえで流され、信頼に足ると言える。一方、ＳＮＳ_{（注1）}_{（注2）}は発信者をはっきりさせなくてもいいので、その情報に対する責任の所在があいまいで、_{（注3）}多少のうそがあっても簡単に流せてしまう。だからこそ、社会で起きている問題に関す

10 る情報は、新聞やテレビから得てほしいと思う。

B

1 　子どものころからスマホを持っている若者世代は、新聞やテレビよりも、主にＳＮＳから情報を得ているという。なぜなら、ＳＮＳは好きなときにほしい情報をすばやく手に入れられるからだ。また、情報がリアルタイムで流れてくるという点でも、新聞やテレビはＳＮＳに及ばない。過去には、大地震で壊れた家の中で救助を求めている人が、_{（注4）}

5 自分の居場所をＳＮＳで知らせ、助かったという例もある。

　しかし、SNSで得た情報には注意が必要である。誰が発信したのかわからないSNSの情報には、真実でないものも含まれているからだ。それに比べ、新聞やテレビは発信者が情報に責任を持つため、信用度が高いと言っていいだろう。

　ＳＮＳは、使い方によってはとても便利だが、正確な情報を得るという点においては、

10 やはり新聞やテレビが適していると思う。

（注1）綿密：細かい部分にまで注意が行き届いていること
（注2）真偽：真実とうそ

（注3）所在：存在する場所
（注4）リアルタイムで：現在の時間と同時に

1 　ＳＮＳから情報を得ることについて、ＡとＢはどのよう立場を取っているか。

1　ＡもＢも積極的に肯定している。

2　ＡもＢも完全に否定している。

3　Ａは否定しているが、Ｂは否定的でありながら、プラスの面も認めている。

4　Ａは否定しているが、Ｂはプラスの面を挙げ、積極的に肯定している。

2 　情報を得る方法について、ＡとＢはどのように述べているか。

1　ＡもＢも、発信者が明らかなところから情報を得たほうがいいと述べている。

2　ＡもＢも、一つの方法で情報を得るのではなく、新聞やテレビ、ＳＮＳなど様々な方法で情報を得るべきだと述べている。

3　Ａは発信者が明らかなところから情報を得るべきだと述べているが、Ｂは情報をいかに早く手に入れるかが重要だと述べている。

4　Ａは新聞やテレビから情報を得るべきだと述べているが、Ｂは情報の種類によってはどこから取ってもよいと述べている。

第7週／2日目

131

　次の文章を読んで、後の問いに対する答えとして最もよいものを、1・2・3・4から一つ選びなさい。

　以下は、パンツのたたみ方で妻に叱（しか）られる夫の話を受け、家庭科の先生が書いた文章である。
（注1）

1　家庭科の授業をしていると、否応（いやおう）なしに、お互いの違いが見えてきます。考え方や個性が違うといっ
（注2）
たレベルから、育った環境、一人ひとりの自立度まで実に幅広い範囲（はんい）でのことです。

　（中略）

　ある人にとっては当たり前だったり、やるのが当然だったりすることでも、別の人にとっては必
5　ずしもそうではないといったことがとても多い。ですから調理実習に限らず、複数でコトを進めて
いくときには、あらかじめやり方や進め方を話し合っておくことが大事です。むしろ自分のやり方
やこだわりは、相手のそれとは違うという前提（ぜんてい）で臨（のぞ）んだほうがいいでしょう。各人にもとめられる
（注3）　　　　　　　　　　　　　　　　　　　　　　（注4）　　（注5）
のは「柔軟性（じゅうなんせい）」です。
（注6）

　それは、学校や職場だけでなく、大恋愛の末に結婚したカップルのあいだでも同じです。

10　一緒に暮らすようになるまでは他人同士（どうし）で生きてきたのですから、価値観は違って当然ですし、
家事のやり方、すすめ方が二人のあいだで異なるのも当たり前のことです。ましてや"得意""不得意"も
あれば、"できる""できない"の問題もあるでしょう。暮らしの中のいろんな場面で衝突（しょうとつ）が起こる
のは自然なのです。

　ところが、衝突（しょうとつ）を避けて、また衝突（しょうとつ）を悪いことのように考えてしまって、どちらかが無理に相手
15　に合わせる関係を続けているとストレスが生じます。パンツのたたみ方に悩むAさんが、まさにそ
の典型（てんけい）です。むしろ、いやなものはいや、できないことはできないと率直に話し合って、二人が妥（だ）
協（きょう）できる点を探したほうが、長い目で見れば間違いなくお互いにとってプラスになるはずです。

　（中略）

　家庭科は、国語や数学といった受験科目と違って、「必ず模範解答がある」科目ではないので、み
（注7）
20　んなの意見を聞くうちに「ああ、そういう考えもあるのか」とか「そういうやり方があるんだ」と
気付くようになります。そして知らず知らずのうちに、自分の暮らしている社会には、実に多種多
様な人がいて、その数だけ生き方や考え方があることを理解するようになります。それは取りも直
（注8）
さず、他の人の考え方や価値観で、物事をとらえなおす能力を身につけたということです。

　これを「複眼（ふくがん）でものを見る力」と言います。人生の選択に迷ったとき、複眼（ふくがん）で自分の置かれてい
25　る状況を振り返ることができたなら、おそらく後悔するような選択はしなくなるでしょう。また、
それは、相手の立場に立って考えられるということですから、人間関係もよりよいものになってゆ
くでしょう。家庭科を学ぶ意味は、技術的なことだけではないのです。

（南野忠晴『正しいパンツのたたみ方―新しい家庭科勉強法』岩波書店による）

（注1）　家庭科：日本の小学校から高校の教科の一つで衣食住に関する知識や技術を学ぶ。
（注2）　否応なし：有無を言わせず、強制的に
（注3）　こだわり：「絶対にこうでなければならない」と強く気にしていること
（注4）　前提：物事が成立するための条件
（注5）　臨む：そのことに向かう。対応する
（注6）　柔軟性：その場に応じた対応ができる性質
（注7）　模範解答：理想的な答え
（注8）　取りも直さず：つまり。言い換えると

1 　二人以上で何かをするにあたって、覚えておくべきことは何か。

1　相手とはいつか必ずわかり合えるということ

2　衝突は絶対に避けられないものだということ

3　自分のやり方や考え方は、相手と同じではないということ

4　自分のやり方や考え方は、相手に否定されるということ

2 　結婚したカップルの間で起こる衝突について、筆者はどのように述べているか。

1　衝突は悪いものなので、なるべく避けて生活するべきである。

2　衝突を避けたければ、どちらかのやり方に合わせるべきである。

3　日々の衝突はストレスになるので、衝突しない相手を選んで結婚したほうがいい。

4　日々の衝突を避けるより、きちんと話し合ったほうが将来的には幸せになる。

3 　家庭科を学ぶということについて、筆者はどのように考えているか。

1　こうあるべきだという模範解答をみんなで作っていくことである。

2　自分と同じような価値観を持つ人間を見つけられる力を育てることである。

3　社会で自立して暮らしていける技術を身につけることである。

4　互いの違いを認め、様々な立場で物事を考える力を身につけることである。

第7週 3日目

統合理解 Integrated comprehension

次のＡとＢの文章を読んで、後の問いに対する答えとして最もよいものを、1・2・3・4から一つ選びなさい。

A

1　私の会社ではこの春から週3日のリモートワークが始まる予定だ。リモートワークとは、これまで会社でしていた仕事を、自宅をはじめとした職場以外の場所ですることだ。最初こそ、仕事に必要なデータへの接続や、ビデオ会議で使うマイクやカメラなどに問題が生じるかもしれないが、2、3か月もすればどの社員も慣れてきて、リモートワーク

5　を始める前よりも効率的に仕事が進むだろう。特に、往復で2時間近くかかる通勤や、誰かが報告書を読むのを聞くだけの会議がなくなれば、時間の無駄が減らせる。政府は通信システムの高速・大容量化を進めているし、多様な働き方を支えるべきだという社会の声も大きくなってきている。リモートワークがこれからの働き方の主流になっていくに違いない。

B

1　先月からリモートワークをしている。自宅で働けば時間が有効活用できるだろうと期待していたが、思った通りにはいかないものだ。確かに仕事の合間に家事ができるなどのメリットはあったが、家だと仕事のみに集中することが難しい。特に子どもの在宅時間は、静かに集中するなんて不可能に近い。また、勤務時間が終わっても、仕事が手元

5　にあるとついつい続けてしまう。自分で時間の管理をきちんとするということがこんなに難しいとは思っていなかった。また、パソコンは会社のものを借りているからいいとしても、プリンターなどの周辺機器は家庭用だと仕事には使いにくいものが多い。リモートワークで仕事の効率が上がったという声も聞くけれど、私にとっては出勤することが最も効率のいい働き方だったようだ。

1 　AとBが共通して触れている点は何か。

  1 　リモートワークをしてみた感想

  2 　リモートワークの将来

  3 　リモートワークで使用される機材

  4 　リモートワークをしながらの家事

2 　リモートワークについて、AとBはどのように述べているか。

  1 　AもBも、リモートワークこそがこれからの社会で求められる理想的な働き方だと述べている。

  2 　AもBも、通勤時間という無駄が省けることをリモートワークの長所として挙げている。

  3 　Aはリモートワークはパソコンに強くない社員には難しいと述べ、Bはリモートワークをするためには時間の管理が大切だと述べている。

  4 　Aはリモートワークをすることで仕事の効率が上がると述べ、Bはリモートワークの効率性は人によって異なると述べている。

次の文章を読んで、後の問いに対する答えとして最もよいものを、1・2・3・4から一つ選びなさい。

1 　サービス産業における購買の主体は、女性です。全世界でどのような統計をとっても、女性がサービス産業の需要全体の6〜7割を占めています。ということは、供給サイドにも女性がいなければ、顧客の真のニーズをつかむことはできません。

　ヨーロッパでクオータ制が導入された理由も、この需給のミスマッチにあります。

5 　クオータ制とは、議員や会社役員などの女性の割合を、あらかじめ一定数に定めて積極的に女性を登用する制度のことです。クオータ制に関しては、「逆差別であって平等原則に反する」という主張も根強くありますが、僕はそうは思いません。一定の時間軸において、男女の真の平等を実現するという大義があり、その一方で男女の性差別が残っているという現実がある、その乖離を縮める手段として考えれば、クオータ制はとても合理的現実的な手段です。加えて、世の中からは経済を

10 活性化させるため、需給のミスマッチを是正したいという現実的な要請が寄せられています。

　高齢化が世界で最初に進んだのは、ヨーロッパです。ヨーロッパの国々では、「高齢化に伴う出費を取り戻すためには、サービス産業の主たる需要者であって人口の半分を占める女性の活躍が不可欠である（需給のミスマッチを解消させなければ経済は上向かない）」という認識を持って、ほとんどの国がクオータ制を導入して女性を積極的に登用しています。

15 　世界一高齢化が進み、女性の登用が遅れている日本は、本来どこよりも厳しいクオータ制を導入すべきだと僕は考えています。女性を筆頭に多様な人材が活躍しなければ、経済が成長しないからです。

　クオータ制について日本のある財界人が、「ヨーロッパの政治家はみんな女性に弱いのですね」と述べて失笑を買った、という笑い話がありますが、需給のミスマッチを解消する観点から見れば、

20 政治やビジネスの世界で女性を登用するのは当たり前の話です。

　　（中略）

　サービス産業の生産性を上げるには、ユーザーと生産サイドのマッチングが不可欠です。サービス産業のユーザーは女性が60〜70％なのですから、売れる商品やサービスをつくろうと思えば、女性のアイデアがマストです。日本政府は、クオータ制を導入する覚悟ができていないので、「すべて

25 の女性が輝く社会」という文学的表現に留めていますが、女性が輝くためには、男性が早く退社して、家事、育児、介護をシェアする以外の方法はありません。

（出口治明『知的生産術』日本実業出版社による）

（注1）ニーズ：需要
（注2）ミスマッチ：釣り合わないこと
（注3）逆差別：社会的弱者を守ることで、それ以外の人々の扱いが相対的に悪化すること
（注4）大義：重要な意義
（注5）乖離：離れていること

（注6） 是正する：悪い部分を直す
（注7） 女性を筆頭に：女性をはじめとして
（注8） 失笑を買う：ばかな言動をして笑われる
（注9） ユーザー：使用者
（注10） マッチング：釣り合わせること
（注11） マスト：不可欠なもの

[1]　筆者によると、どうしてヨーロッパではクオータ制が導入されたのか。

1　高齢化が進み消費が減少し、女性を活用しないことには働き手が足りなくなったから

2　サービス産業の消費者の半分以上が女性なのに、そのニーズにこたえるべき供給側に女性が少なかったから

3　サービス産業のより一層の発展のために、男性に比べて数の少ない女性の消費者を増やす必要があったから

4　日本に比べて女性の立場が強く、女性からの平等を求める声を無視することができなかったから

[2]　クオータ制について筆者はどう考えているか。

1　現状を考えれば、男女平等を進め、経済を発展させるのに適切な手段だ。

2　男性の不利益になってしまう心配があるので、慎重になるべきだ。

3　ヨーロッパほど厳しくなくてもいいが、日本でも導入するべきだ。

4　問題点は多いが、経済界の要求にこたえるためにはやむを得ない手段だ。

[3]　筆者の考えとして合っているものはどれか。

1　日本政府が「すべての女性が輝く社会」という目標を掲げていることは高く評価できる。

2　日本の男性は、職場に来られない女性のために、もっと女性目線でのサービス作りをするべきだ。

3　サービス産業が、家事、育児、介護といった従来女性が担っていた仕事に進出すれば、経済が発展する。

4　サービス産業の供給側にもっと女性を登用することが、経済の成長につながっていく。

第7週 4日目

統合理解 Integrated comprehension

次のＡとＢの文章を読んで、後の問いに対する答えとして最もよいものを、1・2・3・4から一つ選びなさい。

A

> 1　紙の辞書と電子辞書、どちらがより子どもへの学習効果が高いのだろうか。調べたいものが出てきたとき、電子辞書であればボタンを押すだけで目的の言葉にたどり着くことができる。一方、紙の辞書だと、ページを行ったり来たりしながら、やっと目的の言葉に行き着く。圧倒的に電子辞書のほうが効率的に思える。
>
> 5　しかし、このような時間をかけて言葉を探すというプロセス(注1)があるほうが、より覚えやすく、忘れにくいと言われている。また、紙の辞書の場合、開いたときに自分が調べたかった言葉のほかにも、その前後の言葉が目に入り、それらもあわせて覚えることができる。
>
> 　最近はデジタル化社会になりつつあるが、ボタンひとつですぐに解決できることがい
> 10　いとは限らない。辞書についてだけは、自分の手で時間をかけることを勧めたい。

B

> 1　スマホやタブレットが身近にある現代の子どもたちにとって、電子辞書は魅力(みりょく)的だ。画面やボタンを押せば、知りたい言葉がすぐに出てくるので、遊び感覚で辞書を引くことができる。その手軽さから、もっといろいろ知りたいと、調べることへの意欲を持続させることもできるだろう。
>
> 5　一方で、時間はかかるが、地道(じみち)に紙の辞書を引いて言葉を調べることで頭に入りやす(注2)いという声もある。子どもが小さいうちは、まず、紙の辞書を与えて基本的な辞書の引き方を学ばせ、中学、高校と年齢が上がり、調べるものが増えていくにつれて、電子辞書に変えていくというのもいいだろう。
>
> 　とにかく、どちらにもメリットはある。子どもの様子を見ながら、必要な時期に必要
> 10　なものを揃(そろ)えていくのがいいのではないだろうか。

（注1）プロセス：過程、道筋
（注2）地道：なまけずに、まじめに努力する様子

1 　AとBの考え方で共通していることは何か。

1　言葉は、紙の辞書で調べたほうが記憶_{きおく}に残りやすい。

2　子どもが小さければ小さいほど、紙の辞書の学習効果は高い。

3　電子辞書なら、ゲームのように遊びながら言葉が覚えられる。

4　デジタル化社会になったために、紙の辞書を使う子どもが減ってきている。

2 　辞書についてAとBはどのように述べているか。

1　AもBも、子どもの年齢に合わせて、紙の辞書から電子辞書へと変えていくべきだと述べている。

2　AもBも、デジタル化社会の子どもには、電子辞書のほうが合っていると述べている。

3　Aは紙の辞書のほうが子どもにとってより学習効果があると述べ、Bは子どもの成長に合わせて使う辞書を変えるのがいいと述べている。

4　Aは言葉を調べるには紙の辞書が最も効率的だと述べ、Bは電子辞書こそが効率的だと述べている。

次の文章を読んで、後の問いに対する答えとして最もよいものを、1・2・3・4から一つ選びなさい。

1　「コミュニケーション」が大流行である。事実、「親子のコミュニケーション」、「男と女のコミュニケーション」、「国際コミュニケーション」、「コミュニケーション・メディア」等の見出しが雑誌や新聞を飾（かざ）っている。またそのひとつのバリエーションとして酒を飲みながらアフターファイブに「ノミ（飲み）ニケーション」（注1）に興じるビジネスマンやOLも少なくない。また、だれもが朝目が覚めて（注2）（注3）

5　から夜寝るまでの間に大勢の人と会い、そのうちの何人かとは実際に会話を交わすだろう。その他にも、通勤・通学の電車の中で新聞や雑誌に目を通し、家でTVを見たり、車を運転しながらラジオを聞いたり、休む間もなくコミュニケーションをしている。コミュニケーションしないでいることの方が難しいくらいである。

（中略）

10　日本語の「コミュニケーション」は外来語である。そもそも外来語とは外国文化に源（みなもと）を発する事物、風習、概念（がいねん）等に適切な日本語がない場合に発音をカタカナ表記して日本語の単語として準用（じゅんよう）するも（注5）　　　　　　　　　　　　　　　　　　　　　　　　　　　　　　　　　　　　（注6）のだ。「適切な日本語」がないということはどういうことを意味するのだろうか？ それはあるものが外国から輸入され、はじめて日本の社会や文化に登場した、あるいは昔からあるにはあったが日本人がきちんと言葉の上でそれを認識していなかったかのどちらかだと考えられる。「コミュニケーショ

15　ン」の場合はおそらく後者であろう。日常の多くの体験と文化背景を共有する日本人にとって、意思（注7）の疎通（そつう）は比較的たやすいことであり、それほど努力を必要としないと思われてきた。したがって、「コミュニケーション」を特に意識する必要がなく、それを言葉や概念（がいねん）としてとらえて細かく検討（けんとう）したり、ましてや学問として研究対象になるとは考えなかったのであろう。人間ひとりひとりの性格や価値観、考え方、意見などの違いが「コミュニケーション」の障害（しょうがい）となりうることをはっきりと意識して、「自

20　分と他人は違っていて当たり前。自分のことをわかってもらうためにはちゃんと相手にわかるように伝える必要がある」という心構えでコミュニケーションしようとする欧米人とは対照的である。おなじ日本人だから「わかり合えるはず」という前提（ぜんてい）は価値観の多様な現代においてはもはや通用（注8）しない。そう考えないと誤解や意見の衝突（しょうとつ）などいろいろな問題が生じてしまう。「どうして自分の気持ちをわかってくれないのだろう？」と欲求不満を感じたりする前に、ここで一度発想の転換をして

25　みてはどうだろうか？

（中西雅之『人間関係を学ぶための11章　インターパーソナル・コミュニケーションへの招待』くろしお出版による）

（注1）バリエーション：ここでは、変化したもの
（注2）アフターファイブ：仕事の終わった午後5時以降
（注3）興じる：楽しむ
（注4）源を発する：最初に起こった、始まった
（注5）概念：物事の一般的な意味内容

（注６）準用する：当てはめて使うこと
（注７）意思の疎通：お互いの気持ちが通じること
（注８）もはや：もう、すでに

1　コミュニケーションしないでいることの方が難しいくらいであるとはどういうことか。

1　新聞や雑誌でコミュニケーションについての記事を見ない日がないということ

2　人間は人に会うとコミュニケーションをせずにはいられない生き物だということ

3　コミュニケーションに関連した新しい言葉が次々と作られているということ

4　人間は会話だけでなく、様々なメディアを通じても絶えずコミュニケーションをしていると
いうこと

2　筆者によると、日本語の「コミュニケーション」が外来語であるのはなぜか。

1　それまでの日本の社会や文化には全くなかった新しい概念だから

2　日本に前からあったものの、特に言葉にして意識することがなかった概念だから

3　漢字で表記するより、カタカナにしたほうが人々の中で流行しやすいから

4　どのような日本語が適しているのか、深く考える努力をしなかったから

3　この文章で筆者が最も言いたいことは何か。

1　日本人はみんな一緒だと思い込むのをやめ、自分と他人は当然異なっているのだという考え
方に変えていくべきだ。

2　わかり合えないことが起きた場合、お互いの意見を戦わせ、ぶつかり合うことで解決していっ
たほうがいい。

3　コミュニケーションの障害となるものを徹底的に排除していけば、みんなが気持ちよく暮ら
せる社会になるはずだ。

4　コミュニケーションについては、日本人は欧米人より劣るので、国全体で取り組んでいかな
ければならない。

統合理解 Integrated comprehension

次のＡとＢの文章を読んで、後の問いに対する答えとして最もよいものを、1・2・3・4から一つ選びなさい。

以下は、スマートフォンのアプリのレビューである。
_{（注）}

A

1　このアプリは、本当に使いやすいです。無料で日本語の単語が覚えられるアプリを探していたんですが、これはまさに最適だと思います。次々と単語が出てきて、その正しい意味を選んでいきます。電車の中とか、ちょっとした時間にゲーム感覚で勉強できます。正解すると次の問題へ進み、不正解だと正しい意味に加え、辞書みたいにその単語を使っ

5　た例文も紹介してくれるので、覚えやすいです。それに、ホーム画面に子犬のキャラクターがいるんですが、正解数に応じて、ちょっとずつ成長していくんです。それを見るのも楽しみです。他の方のコメントで、何度も広告が出てきて邪魔だという意見もありますが、私はあまり気になりません。そういう人は月額100円を払うと広告は流れないので、そうしたらいいと思います。

B

1　このような無料で使える日本語の単語学習アプリは大変ありがたい。問題を解き進めていくスタイルが私には合っているようだ。アプリに登場する犬のキャラクターもとてもかわいらしい。あえて言うのなら、出題されている単語以外にもわからない単語が出てきたときにすぐに調べられる辞書機能が付くと、さらに便利になり、利用者も増える

5　と思う。しかし、10分に1度、30秒ほどの広告が流れるのは評価できない。せっかく勉強に集中していたのに、いきなり広告が始まってしまうのはどうにかならないだろうか。広告なしの有料版があるが、毎月いくらか支払うことになっている。少ない金額でも毎月払うとなると、使い続けていくにつれて結構な金額になってしまう。お金を払いたくないわけではないので、月々払うのではなく、300円くらいでアプリを購入できるよう

10　にしていただけないだろうか。

（注）レビュー：評価のコメント

142

1 　このアプリについてAとBが共通して述べている点は何か。

　1　広告の長さ

　2　広告の多さ

　3　他の人のアプリの感想

　4　犬のキャラクターの成長

2 　このアプリに対するAとBの意見について、正しいものはどれか。

　1　AもBも、このアプリについて、変えたほうがいい点があると述べている。

　2　AもBも、お金を払ってでもこのアプリを使いたいと述べている。

　3　Aはこのアプリについて今のままでも特に不満はないと述べ、Bは改善点がいくつかあると述べている。

　4　Aはお金を払ってでもこのアプリを使いたいと述べ、Bはお金を払うくらいなら使いたくないと述べている。

次の文章を読んで、後の問いに対する答えとして最もよいものを、1・2・3・4から一つ選びなさい。

1　大多数の人たちは、「学ぶ」ことが「考える」ことだと勘違いしている。「学ぶ」とは、頭にインプット（注1）すること、知識を入れて覚えるだけのことだが、「考える」とは、それらインプットしたものを用いて頭の中で理屈を組み立てること、仮説を作ることなのである。脳の活動として、まったく異なっ（注2）ている。

5　今の若者に多いのは、まず「考えよう」として、頭で問題を思い浮かべるものの、すぐに「わからない」という結論になる。頭に思い浮かべているだけであり、ぼうっとしているのと変わらない状態である。そして、わからないのは、自分がこの問題を「知らない」からだ、とすぐに結論を出す。では、「知る」ためにどうすれば良いかといえば、調べる、検索する、誰かに教えてもらう、という（注3）行動しかない。今は、調べるのも、検索するのも、教えてもらうのも、とても手軽にいつでもでき10　るようになったから、すぐにそこに飛びつく。

　これらが簡単にできない時代の子供たちはどうしていたかというと、しかたがないから、自分で考えたのだ。「何故だろう？」「どうしてなのだろう？」と考えているうちに、自分の頭の中から、「もしかしてこれかな」「いや、それよりもこうではないのか」といろいろと浮かび上がってくる。「以前にも似たような問題を考えたが、あのときとの違いはこことここか」とか、「今回も同じような答15　なのではないか」とか、そんな連想や仮説が沢山頭の中で巡る。

　このように自分で考えた子供が、あるとき図書館でその関連の本を見つけると、もしかして自分が考えたものの答があるのではないか、とわくわくしてそれを読むだろう。なにも考えていない子供に対して、大人が「この本を読みなさい」と与えた場合と、理解度が違ってくるのは歴然としている。好奇心というものは、このように自分の頭で考えるほど大きくなるものだ。（注4）

20　「どうすれば考える子供になりますか？」という質問をよく受ける。そういう質問をするのは、考えていない親だ。自分が考えていないから、考えるということの意味がわかっていない。難しいことではない。人間は、なにもすることがなければ考える生き物である。ようするに、なにも与えなければ、自分の頭の中で自分が欲しいものを作るようになる。

（森博嗣『集中力はいらない』SBクリエイティブによる）

（注1）インプット：入力
（注2）仮説を作る：「こうかもしれない」と仮定して予測する
（注3）検索：文書やインターネットなどから必要な情報を調べて探し出すこと
（注4）歴然：言うまでもなく明らか

1 筆者は、「考える」とはどのような脳の活動だと言っているか。

1 持っている知識を結び付け、仮定して答を予測する活動

2 頭の中に知識を入れて忘れないようにする活動

3 知らないことを知るための方法を見つけ出そうとする活動

4 わからないことをぼうっと頭に思い浮かべる活動

2 「わからない」ことに出会ったとき、以前の子供たちはどうしていたか。

1 すぐに周囲の大人に聞き、答を教えてもらっていた。

2 この問題を知らないから、わからないのだとあきらめていた。

3 なににも頼らずに、自分の頭で連想したり答を予測したりしていた。

4 大人から読みなさいと与えられた本を読んで、答を予測していた。

3 この文章で筆者が言いたいことは何か。

1 人はわからないことがなければ考えないので、まずなにがわからないかを知るべきだ。

2 なにかを与えるのではなく、なにも与えないことが、人が考えるきっかけとなる。

3 考えるという作業をするためには、ある程度の知識を持っていることが必要である。

4 よく考える子供にしたいと思っているなら、まず自分が考える親になるべきだ。

　右のページは、アルバイトの求人情報である。下の問いに対する答えとして最もよいものを、1・2・3・4から一つ選びなさい。

1　シェーンさんは大学で心理学を勉強している留学生である。日本語能力試験N1に合格しており、英語が話せる。週に2日夕方6時ごろから3時間アルバイトをしたいと思っている。シェーンさんが応募できる会社はいくつあるか。

1　1つ

2　2つ

3　3つ

4　4つ

2　英語が母語であるサラさんは、子どもが学校へ行っている間（9：00〜15：00）に働きたいと考えている。基本的なパソコン操作ができ、日本語能力試験N2に合格している。今までアルバイトをしたことはない。サラさんにとって一番収入がいい仕事はどれか。ただし、交通費は収入に含めない。

1　トークハート

2　日之国屋スーパー

3　居酒屋わいわい

4　Good jobサービス

アルバイト求人情報

山川市では、以下の会社でアルバイトを募集しています。

会社名（業務内容）	給与	備考
東京グリーンサービス （ビル清掃）	① 7:30～ 9:00　日給2,000円 　（1時間半） ② 22:00～24:00　日給3,000円 　（2時間）	• 週1日以上 • 日本語能力N4以上 • 交通費全額支給 • 未経験者OK
トークハート （通訳・翻訳）	① 9:00～17:00　日給8,000円 　（8時間 ※休憩1時間含む） ② 13:00～21:00 日給10,000円 　（8時間 ※休憩1時間含む）	• 週2日以上 • 日本語能力N2以上 • 英語、中国語、ベトナム語のいずれかが母語レベルであること • 交通費1日1,000円まで • 未経験者OK
日之国屋スーパー （品出し）	① 9:00～12:00　時給1,300円 ② 12:00～16:00　時給1,350円 ③ 16:00～22:00　時給1,400円 ④ 22:00～ 6:00　時給1,750円 ※時間自由 　例：10:00～18:00などOK	• 1日3時間以上 • 日本語能力N3以上 • 交通費1日1,000円まで • 未経験者OK
居酒屋わいわい （キッチン／ホール）	① 12:00～16:00 　　キッチン時給1,250円 　　ホール時給1,300円 ② 16:00～22:00 　　キッチン時給1,300円 　　ホール時給1,350円 ③ 22:00～24:00 　　キッチン時給1,600円 　　ホール時給1,700円 ※時間自由 　例：12:00～7:00などOK	• 1日3時間以上 • 日本語能力 　　キッチン：N4以上 　　ホール：N3以上 • 交通費全額支給 • 食事付き • 髪型・髪色・服装自由
Good jobサービス （データ入力）	9:00～21:00　　時給1,250円 ※アルバイト事務経験者＋100円	• 1日4時間以上 • 日本語能力N2以上 • 基本的なパソコン操作 • 未経験者OK • 交通費全額支給
ワンダーキッズ （学童保育スタッフ）	16:00～21:00　　時給3,000円	• 1日3時間以上 • 日本語能力N1以上 • 教育／心理学部を卒業していること • 交通費なし

【求人に関するお問い合わせ】
Jスターズ人材センター　山川市宮下町5-4-1　☎ 03-1234-5678　✉ info@jstars.com

情報検索 Information retrieval

　右のページは、「さくら市民カルチャーセンター」のホームページに載っている案内である。下の問いに対する答えとして最もよいものを、1・2・3・4から一つ選びなさい。

1 　大学生のリンさんは、授業がない月曜日か水曜日の午後に、友達と二人で日本文化が学べる講座を受講したいと考えている。4月20日現在、リンさんたちが申し込める講座はいくつあるか。

1 　1つ
2 　2つ
3 　3つ
4 　4つ

2 　会員証を持っているサリーさんは5月の講座の「イギリス式庭づくり」を受講したいと考えている。受講するには、受付カウンターにいつ何を持っていけばいいか。

1 　4月25日までに会員証と5,000円と受講申込用紙を持っていく。
2 　4月25日までに会員証と10,000円と受講申込用紙を持っていく。
3 　4月25日までに入会金と運転免許証と5,000円と受講申込用紙を持っていく。
4 　受講初日に会員証と5,000円と受講申込用紙を持っていく。

さくら市民カルチャーセンター
～5月開講講座のお知らせ～

■入会と受講のご案内

～入会の手続きについて～

- 講座を受講するためには、さくら市民カルチャーセンターの会員になる必要があります。入会申込書にご記入の上、入会金1,000円とともに受付カウンターまでお持ちください。その場で会員証を発行いたします。本人確認のため、身分証明書※をお持ちください。
（身分証明書…パスポート、運転免許証、顔写真付きの学生証または社員証など）

～各講座の受講申し込みについて～

- 当センターの講座は月謝制ですので、各講座の受講料、回数などをご確認の上、受講申込用紙に記入し、講座が始まる前の月の25日までに受付カウンターでお申し込みください。会員証のご提示と受講料のお支払いもその際にお願いいたします。

- 各講座とも定員になり次第締め切ります。

■5月の開講講座

4月20日現在

講座名	曜日・時間	受講料・教材費※1	定員（残席※2）	講座の特徴
社交ダンス	月・水（8回）16:00-17:30	受講料：16,000円 教材費：なし	20名（6名）	ラテンのリズムに合わせて、楽しく体を動かしましょう。
生け花	水（4回）19:00-20:00	受講料：5,000円 教材費：8,000円	10名（1名）	日本の伝統文化。初心者でも安心して学べます。
イギリス式庭づくり	水（4回）14:00-15:00	受講料：5,000円 教材費：5,000円	なし	日本の花を使ってできるイギリス式庭づくりをご紹介します。
料理教室	月（4回）10:00-11:30	受講料：4,000円 教材費：5,000円	20名（3名）	今月のテーマは「日本の味―京都」です。食材から日本を学びましょう。
着付け教室	月（4回）15:30-17:00	受講料：5,000円 教材費：3,000円	10名（2名）	着付けの基本を学び、気軽に着物でお出かけを楽しみましょう。
テコンドー	火・木（8回）10:00-11:30	受講料：8,000円 教材費：なし	なし	韓国生まれの武術です。楽しく無理なく学べます。
茶道	金（5回）14:30-15:30	受講料：5,000円 教材費：2,500円	10名（4名）	お茶を通して、日本の伝統や礼儀が身につきます。

※1…教材費は講座の初回の日に担当講師にお支払いください。

※2…申し込みがあり次第、残り定員数を更新しておりますので、申し込みの際はご確認ください。

情報検索 Information retrieval

　右のページは、「にこにこキャンプ場」の利用案内である。下の問いに対する答えとして最もよい
ものを、1・2・3・4から一つ選びなさい。

1　市川さん夫婦は、小学生の子ども2人を連れて、7月1日から1泊2日で「にこにこキャンプ場」
　に宿泊する。テントを1つだけ借りて、全員温泉に1回ずつ入る予定だ。会議室と駐車場は使用
　しない。料金は全部でいくらか。

　1　12,000円

　2　13,000円

　3　18,600円

　4　20,200円

2　「にこにこキャンプ場」でできることはどれか。

　1　夏休みに登山部の合宿として、14歳の中学生6人だけでテントに一泊する。

　2　20時から1時間ほど温泉に入り、帰りに管理室で飲み物を買ってテントに戻る。

　3　調理コーナーで夕飯を作って食べたあと、テントの前で花火をして遊ぶ。

　4　会社の社員研修として10時から18時まで会議室で勉強し、夜はテントで寝る。

にこにこキャンプ場
利用案内

◆料金表

		通常料金	割増料金
入場料（1泊）	大人	2,000円	3,000円
	子ども（小学生まで）	1,000円	1,500円
貸しテント（1泊）	3〜6人用	5,000円	8,000円
	1〜2人用	3,000円	5,000円
温泉（1回）	大人	500円	800円
会議室	1時間	1,000円	1,500円
駐車場（1泊）	1台	1,000円	1,500円

※7月〜9月は割増料金が適用されます（団体利用の場合を除く）。
※団体利用とは以下の場合を指します。
　・教育機関の行事（修学旅行、クラブの合宿など）
　・20名以上でのご利用
※チェックインの際に、代表者（18歳以上）の身分証を確認しています。顔写真と住所の確認できる書類（運転免許証、社員証など）をご提示ください。
※代表者不在でのキャンプ場利用はできませんのでご了承ください。
※子ども（小学生まで）の温泉のご利用は無料です。

◆ 「にこにこキャンプ場」のご利用にあたって

・調理コーナーは他の利用客の方とゆずり合って使用しましょう。

・調理コーナー、喫煙コーナー以外、キャンプ場での火の使用はできません。

・ゴミは必ず指定の場所に捨てましょう。

・ペットを伴ってのご入場はお断りしています。

・11時から15時までは清掃時間のため、温泉の利用はできません。夜間のご利用は可能ですが、他のお客様の迷惑にならないよう静かにご利用ください。

・22時以降は音楽などを消して、静かにお過ごしください。

・会議室は管理室の開室時間にのみ使用できます。

・お困りの際は管理室にご相談ください（開室時間7時〜20時）。管理室では調理器具の貸し出し（無料）、飲み物と軽食の販売をしております。管理室の閉室中は、緊急時に限り夜間窓口（012-3456-7890）にお電話ください。

情報検索　Information retrieval

　右のページは、あるインターネット・マンガ喫茶の利用案内である。下の問いに対する答えとして最もよいものを、1・2・3・4から一つ選びなさい。

1 　北田さんは、この店で2時間半、パソコンでオンラインゲームをしたり、マンガを読んだりしようと思っている。最も安い方法で利用した場合、いくらになるか。

1　1,150円

2　1,170円

3　1,200円

4　1,350円

2 　中野さんは、課題のレポートを書くために、6時間パソコンを利用したいと思っている。課題が早く終わったら、マンガも読みたいと思っているが、ゲームをするつもりはない。中野さんが最も安く利用するには、次のうち、どの方法がいいか。

1　ゲーム席の3時間コースを利用し、超過分の延長料金を払う。

2　ビジネス席の5時間コースを利用し、超過分の延長料金を払う。

3　ゲーム席の5時間コースを利用して、超過分の延長料金を払う。

4　ビジネス席の10時間コースを利用する。

インターネット・マンガ喫茶 わくわく
❖ 利用案内 ❖

当店では3種類のお席をご用意しております。どちらの席でもマンガ読み放題、ドリンク飲み放題となっております。

- ❑ **ゲーム席** 充実した環境で思いきりゲームに熱中したい方におすすめ！
  - ・個室に大画面テレビと各種ゲーム機、パソコンがそれぞれ1台ずつございます。

- ❑ **ビジネス席** 静かな環境で集中して仕事や勉強をしたい方におすすめ！
  - ・各個室にパソコンが1台ずつございます。
  - ・このお席のパソコンはオンラインゲームにアクセスできないよう設定されています。

- ❑ **オープン席** マンガを読みたい方やちょっと休憩したい方におすすめ！
  - ・こちらのお席は個室ではございません。
  - ・パソコンやテレビはございません。ご希望のお客様は他の席をご利用ください。

料金表

ご利用コース	ゲーム席	ビジネス席	オープン席
1時間コース	540円	470円	420円
3時間コース	1,350円	1,200円	1,150円
5時間コース	1,650円	1,500円	―
10時間コース	2,300円	2,100円	―
延長10分ごと	70円	80円	90円

ご利用上の注意

- ・店内へのパソコンの持ち込みは禁止とさせていただいております。
- ・入店時にお席の種類とご利用コースを1つ選択し、料金をお支払いください。時間超過の場合はお帰りの際に延長料金をお支払いください。
- ・入店時に選択した席やご利用コースを変更したり、ご利用コースを2つ以上組み合わせたりすることはできません。
- ・1時間未満のご利用の場合でも、1時間コースの料金をお支払いください。また、ご利用コースの時間内に退店された場合の返金はできません。
- ・オープン席を3時間以上ご利用いただくことも可能です。その場合は3時間コースの料金と超過した時間分の延長料金をお支払いください。

情報検索 Information retrieval

　右のページは、インターネットのクレジットカードの紹介ページである。下の問いに対する答えとして最もよいものを、1・2・3・4から一つ選びなさい。

1 　日本の会社で働いているナピトさんはクレジットカードを作ろうと思っている。海外旅行が好きなので、海外旅行の保険が充実していて、ポイントが高く付くものがいい。30歳のナピトさんにとって一番いいカードはどれか。

1　BIZAカード

2　デビューαカード

3　プレミアムカード

4　スタイルカード

2 　20歳の留学生のミンさんは初めてクレジットカードを作る。年会費がずっとかからないものがいい。ミンさんが選べるカードはいくつあるか。

1　1つ

2　2つ

3　3つ

4　4つ

最新おすすめクレジットカード

当サイトの最新おすすめクレジットカードをご紹介します。カードのお申し込み・お問い合わせは、各クレジットカードの公式サイトへどうそ。

カード名	年会費	ポイント率	発行日数	備考
マックスカード 公式サイト	初年度：無料 2年目以降：無料	0.5%	最短当日	・20歳以上、ただし学生不可 ・最短30分でカード発行
BIZAカード 公式サイト	初年度：無料 2年目以降：3,000円	0.5～1.0%	最短当日	・20歳以上 ・ショッピング保険付き ・旅行保険付き[1]
デビューαカード 公式サイト	初年度：無料 2年目以降：無料	なし	最短当日	・18歳～25歳限定 ・旅行保険付き[1]
プレミアムカード 公式サイト	初年度：6,000円 2年目以降：6,000円	2.0～6.0%	最短3日	・20歳以上 ・ショッピング保険付き ・旅行保険付き[1] ・空港、ホテル優待サービスあり
スタイルカード 公式サイト	初年度：3,000円 2年目以降：3,000円	0.5～3.0%	最短3日	・20歳以上 ・加盟店優待サービスあり ・旅行保険付き[2]
JJBカードM 公式サイト	初年度：無料 2年目以降：無料	0.7～5.0%	最短当日	・20歳以上 ・過去にカードを発行したことがある方のみ ・最短5分でカード発行 ・誕生月ポイント5倍

保険種類 ※1 国内・海外旅行保険
※2 国内旅行保険

言葉を覚えよう4

※＿＿＿＿には意味を調べて書きましょう。

い形容詞

□慌（あわ）ただしい ＿＿＿＿＿　子どもが生まれてから、仕事に育児に慌ただしい毎日だ。

□おとなしい ＿＿＿＿＿　普段おとなしい人が急に冗談を言ったので、驚いてしまった。

□くだらない ＿＿＿＿＿　学生時代は友達と毎日くだらない話をして笑ったものだ。

□険（けわ）しい ＿＿＿＿＿　彼はそのメールを見たとたん、険しい表情になった。

□恋（こい）しい ＿＿＿＿＿　都会に引っ越して以来、故郷の自然豊かな景色が恋しい。

□しつこい ＿＿＿＿＿　友達に何度も同じことを質問したら、しつこいと言われた。

□ずうずうしい ＿＿＿＿＿　迷惑をかけておいて謝らないなんてずうずうしい人だ。

□すばやい ＿＿＿＿＿　サッカーの試合で彼のすばやい動きは相手チームを圧倒した。

□ずるい ＿＿＿＿＿　友達に書いてもらったレポートを提出するなんてずるい。

□頼（たの）もしい ＿＿＿＿＿　新入社員の原さんは、物覚えがよく、仕事も早いので頼もしい。

□だらしない ＿＿＿＿＿　約束の時間を守れないと、だらしない人だと思われてしまう。

□等（ひと）しい ＿＿＿＿＿　「1たす3」と「2かける2」の答えは等しい。

□のろい ＿＿＿＿＿　彼は常にぼーっとしていて動きものろいが、頭の回転は速い。

□まぶしい ＿＿＿＿＿　母が急にカーテンを開けたので、まぶしくて起きてしまった。

□もったいない ＿＿＿＿＿　まだ食べられる食材が大量に捨てられるのはもったいない。

な形容詞

□穏（おだ）やかな ＿＿＿＿＿　4月は穏やかな天気が続いて、過ごしやすい。

□快適（かいてき）な ＿＿＿＿＿　このエアコンは自動で快適な温度に調節してくれる。

□勝手（かって）な ＿＿＿＿＿　皆で協力して何かをする時は勝手な行動をしてはならない。

□活発（かっぱつ）な ＿＿＿＿＿　新商品開発についての会議で活発な議論が交わされた。

□奇妙（きみょう）な ＿＿＿＿＿　夜になると近所の空き家から奇妙な声が聞こえてとても怖い。

□器用（きよう）な ＿＿＿＿＿　手品をする人は皆、指先が器用な人ばかりだ。

□強引（ごういん）な ＿＿＿＿＿　社長の強引なやり方に我慢できず、会社をやめてしまった。

□純粋（じゅんすい）な ＿＿＿＿＿　山下さんは子どものような純粋な心を持っている。

□深刻（しんこく）な ＿＿＿＿＿　世界中で環境破壊が深刻な問題になっている。

□清潔（せいけつ）な ＿＿＿＿＿　宿泊したホテルはとても清潔で、気分がよかった。

□贅沢（ぜいたく）な ＿＿＿＿＿　宝くじに当たって贅沢な暮らしがしたい。

□ほがらかな ＿＿＿＿＿　大木さんはほがらかな性格で、誰からも好かれている。

□みじめな ＿＿＿＿＿　若い頃はお金がなく、みじめな暮らしをしていた。

□明確（めいかく）な ＿＿＿＿＿　留学しようと思うなら、まずは明確な目標を持つべきだ。

聴解編

Listening

例題と解き方　〜聴解編〜

課題理解　Task-based comprehension

　ある場面で具体的な課題の解決に必要な情報を聞き取り、適切な行動が選択できるかを問う。上司と部下、教師と学生、親と子ども、客と店員、夫婦などの2人の会話が多い。選択肢は問題用紙に印刷されている。

例題1　 N2-1
1　表現を修正する。
2　グラフのサイズを変える。
3　文字の色を変える。
4　資料をコピーする。

スクリプトはp.164

＜聞く順番＞
状況説明・質問
▼
会話
▼
質問

STEP 1　質問を聞いて、「誰がするのか」を把握しよう

☞ 質問では、誰の行動について聞かれているのかを正確に聞き取る。
　　例：「女の人は、このあと何をしますか。」「学生は、これから何をしなければなりませんか。」

STEP 2　「するべきこと」に、優先順位をつけよう

☞ 会話の中に「あれをして」「これをして」といくつもの指示が出てくる。選択肢を見ながら会話を聞き、「これからすること」「しなくてもいいこと」「もう終わったこと」などをメモしていき、最も優先順位が高いものを選ぶ。

☞ 注意する言葉
　「Aをしたら、B」「Aが終わったら、B」「Aが済んだら、B」「Aをした上で、B」など
　　➡Aを優先する

　「Aより先に、B」「Aよりもまず、B」など
　　➡Bを優先する

　「すぐに」「まず」「最初に」「はじめに」「至急」など
　　➡優先順位が高い

　「それはいい（必要ない）」「それはそのまま」など
　　➡優先順位が低い

ポイント理解　Point comprehension

事前に示されている聞くべきことを踏まえ、ポイントを絞って聞くことができるかを問う問題。
選択肢は問題用紙に印刷されており、話を聞く前に、選択肢を読む時間がある。

例題2　♪ N2-2

1　足を踏まれたから
2　周りの人に笑われたから
3　誰も助けてくれなかったから
4　駅員さんに迷惑をかけたから

<聞く順番>

状況説明・質問
▼
[選択肢を読む時間（約20秒）]
▼
会話／独話
▼
質問

スクリプトはp.164

STEP 1　質問を聞いて、どのポイントについて答えるか把握しよう

☞　質問を聞くときは、疑問詞（何、いつ、どこ、どうして　など）を聞き逃さないように注
意する。疑問詞によって、答えに関係するポイントがわかる。

疑問詞	注意して聞くポイント
どうして／なぜ	**理由を表す言葉** 例：「〜から」「〜ので」「〜し〜し」「〜んです」「だって〜」 　　「〜ものだから」「〜くて」「〜たことから」「〜をきっかけに」
何	**意思や好みを表す言葉** 例：「〜がいい」「〜はいやだ」「〜にする」「〜に決めた」「〜が一番」「何 　　と言っても〜」「特に〜」「やっぱり〜」
誰	**役職名や職業名** 例：「社長」「店長」「部長」「警官」「医者」「先生」
いつ	**時間を表す言葉** 例：「〜曜日」「〜日」「〜時」「午前」「午後」「その前」「その後」
どこ	**施設名** 例：「映画館」「図書館」「プール」「公園」「学校」 **位置を表す言葉** 例：「右」「左」「前」「後ろ」
いくつ／いくら	**数・量・金額を表す言葉** 例：「〜円」「〜個」「合計」「半分（半額）」「あと〜円」「足りる」 　　「足りない」「〜人分」「割引」
どんな／どう	**気持ちや性格を表す言葉** 例：「楽しい」「優しい」「新しい」「難しい」「静かな」「親切な」 **状態や状況を表す言葉** 例：「疲れた」「困った」

STEP 2 音を意識しながら選択肢を読もう

☞ 質問文の後、話が読まれるまで約20秒あるので、その間に選択肢を読んでおく。意味を把握しておくことはもちろんだが、話に出てくる表現や言葉がそのまま選択肢になっている場合が多いので、どのような音で発音されるか頭の中で確認しておくと聞き取りやすくなる。

STEP 3 話を聞きながら、選択肢に×をつけていこう

☞ 話の中の問いかけに対して肯定しているか、否定しているかよく聞き、否定された選択肢を消していく。「うん／ううん」などは聞き流してしまいがちなので、要注意。

☞ 話の中の言葉が、選択肢では別の言葉に言い換えられていることもある。表現が違うからといって、すぐ×にしない。

概要理解 Summary comprehension

話全体から話者の意図や主張などが理解できるかを問う問題。会話ではなく独話であることが多い。問題用紙には何も印刷されていないため、選択肢も聞き取らなければならない。

例題3　♪ N2-3	<聞く順番>
	状況説明
	▼
	独話
	▼
	質問
（この問題は、問題用紙に何も印刷されていません）	▼
	選択肢（4つ）

_{もんだい} _{もんだいようし} _{なに} _{いんさつ}

スクリプトはp.165

STEP 1 これからどんな話が読まれるか、予測しよう

☞ 最初に、「誰が」「どんな場面で」話しているか、状況を説明する文が読まれるので、それをヒントにして、この後どんな話が続くのか予測する。

例1：「テレビでレポーターが話しています」➡ ニュース／商品の説明／天気予報　など
例2：「医者が講演会で話しています」➡ 健康促進や病気の予防について　など

STEP 2 メモを取ろう

☞ 話を聞き終わるまで質問がわからないので、話を聞いている間はできるだけメモを取る。何度も出てくる語彙や表現に要注意。

☞ 「楽しかった」や「疲れた」など別々に話した感想が、選択肢で「楽しかったけど疲れた」のようにまとめられることが多いので、感想や意見などはできるだけ多くメモを取る。

☞ 話に出てくる通りの言葉が選択肢に使われているとは限らないので、メモを取るときは、きれいに一語一句書き取ることよりも、記号や自分の母語を活用して、後で自分が見てわかりやすいように書く。

STEP 3　聞き取った言葉をまとめよう

☞ 話を聞いた後、話のテーマ、概要、主張は何かを問う質問が流れる。

例：「先生の話のテーマは何ですか」「レポーターは何について伝えていますか」　など

☞ 選択肢の終わりの言葉に注意する。特に「〜の方法」「〜の目的」「〜の理由」「〜の効果」「〜の機能」「〜の影響」「〜の特徴」「〜のきっかけ」「〜の仕組み」などは、よく選択肢に出てくるので、これらの言葉の意味は最低限覚えておく。

即時応答　Quick response

　1〜2文の短い発話を聞いて、それに対する適切な応答が即座に選べるかを問う問題。依頼、質問、感想、意見、確認など様々なパターンがある。問題用紙には何も印刷されていないため、選択肢も聞き取らなければならない。

```
例題4　♪ N2-4
　　　　♪ N2-5
　　　　♪ N2-6

（この問題（もんだい）は、問題用紙（もんだいようし）に何（なに）も印刷（いんさつ）されていません）
```

＜聞く順番＞
短い文
▼
選択肢（3つ）

スクリプトはp.165

STEP 1　初めの発話を聞いて、どんな場面の会話なのか想像しよう

☞ 「いつ」に注意（これからするのか、もうしたのか）

例：　男：パーティー、行けばよかった。➡ パーティーは過去のこと。実際は行かなかった。
　　　女：1　楽しそうだね。
　　　　　2　楽しいと思うよ。
　　　　　3　楽しかったよ。➡ 正答

☞ 「誰がするのか」に注意（言った人がするのか、答える人がするのか）

例：　女：わかり次第、連絡よろしくね。➡ 連絡するのは答える人（男）
　　　男：1　はい、早くしてくださいね。
　　　　　2　はい、そうします。➡ 正答
　　　　　3　はい、すぐに連絡したはずです。

STEP 2　文型・表現に注意しよう

☞ 即時応答では、話し言葉で使われる表現が多く問われる。話し言葉と書き言葉を整理しておこう。慣用表現や挨拶の表現なども出題されるので、しっかり覚えること。

イントネーションに注意しよう

☞ 同じ言葉でも、イントネーション（音の上がり下がり）によって意味が変わるものがある。特に文の終わりの言い方に注意する。

例： これ、いいね？ ↗ ➡ いいかどうか確認している
これ、いいね。↘ ➡ いいと思っている

統合理解 Integrated comprehension

　長めの話を聞いて、複数の情報を比較・検討し、統合して答えを選ぶ問題である。1番と2番は2〜3人の会話を聞いて答えを選ぶ問題。3番は、まず1人があるテーマについて話した後（独話）、その内容について2人が話す形式の問題である。1番と2番は問題用紙に何も印刷されていないが、3番では選択肢が印刷されている。

➤ **1番・2番**

<聞く順番>
状況説明
▼
会話
▼
質問
▼
選択肢（4つ）

```
例題5    ♪ N2-7




（この問題は、問題用紙に何も印刷されていません）
```
スクリプトはp.166

STEP 1 **テーマを把握しよう**

☞ 何についての話かに注意する。会話の最初のほうに話のテーマが述べられることが多い。

STEP 2 **4つのキーワードを探そう**

☞ 選択肢は印刷されていないので、会話を聞きながら、選択肢になりそうなキーワードを聞き取り、それぞれの意見や主張、メリット、デメリットなどの特徴をできるだけメモしておくこと。

STEP 3 **話の結論を選ぼう**

☞ 会話の後で、「どこに行くことにしたか」「何をすることにしたか」など、話し合いの結論は何かを問う質問が流れる。

☞ 話の結論は、会話の中で以下の言葉とともに出てくることが多いので注意する。

①積極的な意見を言う時の表現

例：「ぜひ〜たい」「〜がいいと思う」「〜がいいよ」「〜にしよう」

②相手の意見を肯定的に受け止める表現

　例：「それもいいんじゃない？」「それはおもしろそうだね」「じゃあ、それにしよう」

③相手に妥協することを示す表現

　例：「〜はしかたないね」「〜はしょうがないか」「〜は気にしないよ」

➤ 3番

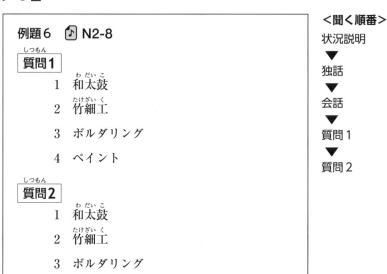

スクリプトはp.167

STEP 1　**特徴を聞き取ってメモしよう**

☞ 3番は、選択肢が印刷されている。独話の中に、それぞれの選択肢のメリットやデメリットなどの特徴が出てくるので、聞きながら選択肢の隣にメモを取る。

STEP 2　**選択肢を見ながら2人の意見を聞こう**

☞ 独話が終わるとすぐ、独話の内容についての2人の会話が始まる。STEP 1のメモを確認しながら、2人がそれぞれの選択肢についてどのような意見を言っているか聞き取る。

STEP 3　**話の結論を選ぼう**

☞ 会話の後に、2人がそれぞれどんな結論を出したかについて質問が流れる。最終的にそれぞれが選んだ選択肢はどれかを答える。

☞ 質問は2つあるので、どの登場人物についての質問なのか、絶対に聞き逃さないように。

　例：　質問1：「男の人は、どのコースに申し込みますか。」
　　　　質問2：「女の人は、どのコースに申し込みますか。」

例題1 スクリプト ♪N2-1

男の人がすることを聞く。

会社で男の人と先輩が話しています。男の人はこのあとまず何をしますか。

男：先輩、明日の会議で使う資料を修正したので確認してください。

女：いいですよ。あっ、この表現はちょっとわかりにくいですから、もっとわかりやすくするように言いましたよね。直っていませんよ。

男：えっ、すみません。すぐに直します。あの、ここのグラフは小さすぎるでしょうか。もっと大きくすることもできますが。

女：それはそのままでいいですよ。プロジェクターでも映しますから。それよりこの文字の色は何ですか……。こんなに色があったら、かえって見にくいですよ。

男：あ、それは先日、先輩に見せた時に指摘されたところに印をつけただけで、配布用のほうには色はつけていません。

女：それならいいですけど。じゃあ、さっき言ったところを直したら、人数分コピーしてしまってください。

男：はい、わかりました。

男の人はこのあとまず何をしますか。

例題2 スクリプト ♪N2-2

悲しい理由がポイントなので、「悲しい」に注意して聞く。

家で、男の人と女の人が話しています。女の人は、どうして悲しくなりましたか。

男：なんか元気ないけど、あれ、その足どうしたの?

女：今朝、電車で思いっきり足を踏まれちゃって。それで病院に行ってきたんだ。でも、大したことないから……。

男：それならいいけど……。

女：実はね、今日帰りに電車を降りる時、線路に靴を落としちゃったの。みんなに笑われているような気になっちゃって本当に恥ずかしかった。みんな気が付いているのに誰も助けてくれなくて、悲しかったな……。今、そのこと思い出しちゃって。

いろいろな感情が出てくるが、この部分が聞くべきポイント。

男：それは大変だったね。で、どうしたの?

女：しばらくしてから駅員さんが来て靴を拾ってくれた。忙しい時間だったのに、親切に対応してくれたんだ。本当に助かったよ。

女の人は、どうして悲しくなりましたか。

テレビの情報番組でレポーターが話しています。

男：今日は桜町に新しくオープンしたレストランに来ています。こちらのレストランはシェフ自らが農家に出向き、無農薬の野菜を仕入れています。旬の食材をふんだんに使用した料理はとても人気があり連日行列ができるほどです。驚いたことに、このレストラン、メニューがないんです。どういうことかと申しますと、お客様が食材を見て、食べたい料理を決めて注文するんです。先ほど、こちらのお店をよく利用されるというお客様にお話を伺ったところ、毎回違う料理が食べられるので飽きることがないと満足そうに話してくださいました。他のレストランとの差別化をはかったということですが、シェフの腕がなければ、できないことですよね。シェフのこだわりが詰まったこちらのレストラン、ぜひ皆様もいらっしゃってください。

> 下線部をまとめると、「レストランの特徴」になる。

レポーターは何について伝えていますか。

1　レストランの特徴
2　レストランが有名になったきっかけ
3　シェフの得意料理
4　レストランによく来る客の特徴

> 「～が最も適当だ／～が一番いい」という意味。

1番 🎵 N2-4　男：やっぱりリーダーは、彼をおいてほかにいないよ。
　　　　　　　　女：1　そうなんだ。彼に置いていかれちゃってさ。
　　　　　　　　　　2　そうだね。私も彼がふさわしいと思うよ。
　　　　　　　　　　3　そうだよ。さっきまでそこにいたけど今はいないよ。

2番 🎵 N2-5　女：すみませんが、課長からもこの企画を推薦していただけませんか。
　　　　　　　　男：1　いいですよ。あとで修正しておきます。
　　　　　　　　　　2　おかげさまで、先ほど推薦していただけました。
　　　　　　　　　　3　じゃ、まず内容を確認しておくよ。

> 女の人は男の人に依頼している。この後、男の人は推薦に向けた行動を取る。

3番 🎵 N2-6　男：彼がそう簡単に引き下がるとは思えないよ。
　　　　　　　　女：1　今回こそは、納得してくれるんじゃない?
　　　　　　　　　　2　彼なら、そのくらい安くしてくれるんじゃない?
　　　　　　　　　　3　さすがの彼にも届かないんじゃない?

> 「自分の主張を取り下げる」という意味。

会議で、上司と社員2人が話しています。

男1：そろそろうちのホテルでも宿泊プランの見直しが必要だと思うんだけど、どう思う?

女　：そうですね、新規のお客様を獲得するにも、何かお得感のあるプランが必要かと思います。地方からの宿泊客だけではなく、近くに住んでいる人にももっと気軽に利用していただけるような……。例えば、地元割り引きのようなプランがあってもいいかと思います。

男2：確かに、近所に住む方にも利用していただいて親しみやすい存在にはなりたいですが、気軽にというのはどうでしょうか。ホテルを利用されるお客様は、非日常的な空間を求めていらっしゃる方も多いと思うんです。私はホテルならではのサービスや企画で勝負したいです。

女　：それはそうですね。ではお子様向けにホテルスタッフ体験付きプランなんてどうでしょうか。他のお客様の迷惑にならないように私たちスタッフがお客様の役をしてもいいかと。

男1：なかなか面白そうだね。

男2：他にも、何かイベントをつけるのはどうでしょう。例えば、料理教室とか。料理長に家庭でできるホテルの味を教えてもらって、食事をするなんていいと思いませんか。

男1：インパクトがあるアイディアだとは思うけど、誰でも調理場に入れるっていうのは衛生面でちょっと問題があるんじゃないかな。

女　：そうですね。ではお子様が興味を示してくれるように、先ほどの体験プランにお子様用の制服をつけるというのはどうでしょうか。

男1：そうだな、記念にもなっていいんじゃないか。お子様が興味を持ってくれたら家族単位での宿泊につながるし。じゃ、それで新しいプランを考えて月末までに企画書を出すように。

上司はどんな宿泊プランの企画書を出すように言いましたか。

1　地元割り引き宿泊プラン
2　ホテルスタッフ体験付き宿泊プラン
3　料理長の料理教室付き宿泊プラン
4　家族と過ごす宿泊プラン

ラジオで女の人が話しています。

女1：今日は、最近話題の少し変わった習い事をご紹介します。最初は 和太鼓 です。和太鼓と聞くと、日本の伝統芸能というイメージを持つ方も多いと思いますが、実は、体全体を動かして太鼓を叩くことから、ストレス解消やダイエットになる と、最近では女性からの人気もあるそうです。次に紹介するのは 竹細工 です。竹を編んで籠やザルなどを作ります。指先を使うことで脳への刺激になる ことから年配の方に人気があるそうです。3つ目は ボルダリング です。簡単にいうと壁を登るスポーツです。指や腕の力、脚力が必要かと思われがちですが、実は先を読む力が重要なのでとても頭を使うスポーツ なんです。そして最後にご紹介するのは ペイント です。家の壁はもちろん、家具や家電を自分の好きな色に塗り替えたいという方が、ペンキの塗り方や安全な取り扱い方法を学びます。このように最近は少し変わった習い事がはやっているようです。皆さんも何か習い事を始めてはいかがでしょうか。

男　：へぇ、最近は随分変わった習い事があるんだね。ちょっとやってみたくなったな。

〇和太鼓
〇ボルダリング

女2：そうだね、私は最近運動不足だから 何か体を動かすのがいいかな。

男　：どうせなら 体だけじゃなく、頭も一緒に鍛えられる のにしたら？

〇ボルダリング

女2：それ、一度やったことがあるんだけど、指先を使うから爪をかなり短く切らなきゃならないんだよ。それがちょっとね。 あなたは昔から器用だし、ものづくりがいいんじゃないの？ 最近、物忘れも増えたじゃない。

×ボルダリング

男　：脳への刺激があるのはいいけど、最近家で過ごすことが増えたから、インテリアを変えたい って思っていたんだよね。でも形は気に入ってるし、買い換えるほど古くもないし、どうしようかなって。色が変わればだいぶ印象が変わるよね。

〇ペイント

女2：好きな色に囲まれて生活するのも楽しそうだね。

男　：だろう？ さっそく申し込んでみるよ。一緒にやる？

女2：興味はあるけど、やっぱり体を動かしたいな。私は思いっきり汗を流してストレスを発散したい から他のにする。

〇和太鼓

質問1　男の人はどの習い事に申し込みますか。

質問2　女の人はどの習い事に申し込みますか。

課題理解 Task-based comprehension

　まず質問を聞いてください。それから話を聞いて、問題用紙の1から4の中から、最もよいものを一つ選んでください。

聴解

第9週／1日目

1 🎵 N2-9
1 花を会場の外へ移動する
2 いすを追加する
3 軽食の準備をする
4 ロビーに飲食用の場所を作る

2 🎵 N2-10
1 桃狩りの場所が変わったことを伝える
2 キャンセルができない事情を説明する
3 バスツアーの記念品を頼む
4 桃狩り以外の行き先を変更する

3 🎵 N2-11
1 木村さんにシフトの相談をする
2 友人を店長に紹介する
3 コーヒーの機械を掃除する
4 社員を呼んで手伝ってもらう

4 🎵 N2-12
1 スライドショーを先生に送る
2 各クラスの写真を集める
3 音楽を感動的な曲に変更する
4 先生たちのコメントをもらう

5 🎵 N2-13
1 お土産を買いに行く
2 車を洗う
3 犬の散歩に行く
4 テレビを見る

ポイント理解 Point comprehension

まず質問を聞いてください。そのあと、問題用紙のせんたくしを読んでください。読む時間があります。それから話を聞いて、問題用紙の1から4の中から、最もよいものを一つ選んでください。

1　🎵 N2-14　　1　1週間後まで
　　　　　　　　2　2週間後まで
　　　　　　　　3　3週間後まで
　　　　　　　　4　4週間後まで

2　🎵 N2-15　　1　花の色や種類の組み合わせを考えること
　　　　　　　　2　花がきれいに見える花瓶を選ぶこと
　　　　　　　　3　どこからでも美しく見えるようにすること
　　　　　　　　4　花にとって快適な場所に飾ること

3　🎵 N2-16　　1　同僚が何を考えているかわからないこと
　　　　　　　　2　同僚に頼られすぎていること
　　　　　　　　3　同僚に仲間意識がないこと
　　　　　　　　4　同僚が自分の仕事をしないこと

4　🎵 N2-17　　1　親の家に猫がいるから
　　　　　　　　2　前のペットを思い出すから
　　　　　　　　3　猫の毛が苦手だから
　　　　　　　　4　忙しくて世話ができないから

5　🎵 N2-18　　1　先を考えて行動する力がつくから
　　　　　　　　2　食べ物を無駄にしないようになるから
　　　　　　　　3　将来的に役に立つから
　　　　　　　　4　興味があることをやらせたほうがいいから

6　🎵 N2-19　　1　隣の部屋がうるさかったから
　　　　　　　　2　妹と話をしていたから
　　　　　　　　3　寂しくてお酒を飲んでいたから
　　　　　　　　4　妹がいなくなってしまったから

課題理解 Task-based comprehension

　まず質問を聞いてください。それから話を聞いて、問題用紙の1から4の中から、最もよいものを一つ選んでください。

1　🎵 N2-20
　1　資料の印刷を始める
　2　資料の一部を直す
　3　グラフを部長に見せる
　4　リストを持っていく

2　🎵 N2-21
　1　桜が丘駅に行く
　2　桜が丘駅に電話する
　3　お客様センターに行く
　4　警察に電話する

3　🎵 N2-22
　1　予定表を作成する
　2　レストランを予約する
　3　本社に電話する
　4　佐々木さんに連絡する

4　🎵 N2-23
　1　担当者に連絡する
　2　ブレーカーの写真を撮る
　3　ブレーカーのレバーを下げる
　4　冷蔵庫の物を片付ける

5　🎵 N2-24
　1　大学に入りたい理由を具体的に書く
　2　着物の生地の色について調べる
　3　大学からパンフレットをもらう
　4　文法的な間違いを直す

まず質問を聞いてください。そのあと、問題用紙のせんたくしを読んでください。読む時間があります。それから話を聞いて、問題用紙の1から4の中から、最もよいものを一つ選んでください。

1 ♪N2-25
1 コマーシャル制作に不安があるから
2 仕事と育児の両立が難しいから
3 ピアノを習う時間がなくなるから
4 出世に興味がないから

2 ♪N2-26
1 ダイエットするため
2 筋肉をつけるため
3 日本人と話すため
4 犬に会うため

3 ♪N2-27
1 海外へ出張する
2 出張の準備をする
3 取引先の人と食事をする
4 会議に出席する

4 ♪N2-28
1 高地で合宿をしたこと
2 最後の水を取れなかったこと
3 観客からの応援
4 コーチや関係者の支え

5 ♪N2-29
1 必要な知識を得ること
2 期末試験を休まないこと
3 80％以上出席すること
4 自身の健康を管理すること

6 ♪N2-30
1 時速100キロ以上の風に耐えられること
2 ボタン一つで開閉ができること
3 折りたたみに時間がかからないこと
4 10年間の保証がついていること

課題理解 Task-based comprehension

　まず質問を聞いてください。それから話を聞いて、問題用紙の1から4の中から、最もよいものを一つ選んでください。

1　🎵 N2-31　　1　部長の予定を確認する
　　　　　　　　2　男の上司にメールする
　　　　　　　　3　ホテルに電話する
　　　　　　　　4　飛行機を予約する

2　🎵 N2-32　　1　自分の車に箱を載せる
　　　　　　　　2　本棚を壁から外す
　　　　　　　　3　工具を探す
　　　　　　　　4　本を箱に詰める

3　🎵 N2-33　　1　教室を掃除する
　　　　　　　　2　掃除道具を片付ける
　　　　　　　　3　計画書を書く
　　　　　　　　4　ノートを探す

4　🎵 N2-34　　1　大家に現金で払う
　　　　　　　　2　大家の妻に現金で払う
　　　　　　　　3　日本の銀行口座から払う
　　　　　　　　4　自分の国の銀行口座から払う

5　🎵 N2-35　　1　緑の矢印の方向へ歩いて、南口へ行く
　　　　　　　　2　南口から道を渡って、新南口へ行く
　　　　　　　　3　地下通路からデパートへ行き、新南口へ行く
　　　　　　　　4　南口からデパートへ行き、新南口へ行く

まず質問を聞いてください。そのあと、問題用紙のせんたくしを読んでください。読む時間があります。それから話を聞いて、問題用紙の1から4の中から、最もよいものを一つ選んでください。

1　♪ N2-36
1　運動がもっとできるようになる
2　ストレスが減って、健康になる
3　お菓子を食べて体重が増える
4　お酒をたくさん飲むようになる

2　♪ N2-37
1　夢にあふれているから
2　登場人物から元気をもらえるから
3　歴史的な事実が描かれているから
4　前作の漫画よりも笑えるから

3　♪ N2-38
1　髪が広がりやすくなること
2　髪がはねやすくなること
3　髪が傷みやすいこと
4　髪の手入れが難しいこと

4　♪ N2-39
1　将来性を感じる企業だったから
2　会社の人の対応が丁寧だったから
3　子どものころから憧れていた仕事だったから
4　他の会社に比べて条件がよかったから

5　♪ N2-40
1　去年の4月
2　去年の7月
3　今年の7月
4　今年の10月

6　♪ N2-41
1　ゲーム
2　ピアノ
3　フランス語の勉強
4　お菓子の食べ歩き

聴解

第9週／3日目

課題理解 Task-based comprehension

　まず質問を聞いてください。それから話を聞いて、問題用紙の1から4の中から、最もよいものを一つ選んでください。

1　♪ N2-42
1　インターンシップに参加する
2　卒業した先輩を紹介してもらう
3　自己分析をする
4　卒業単位の計算をする

2　♪ N2-43
1　段ボールをごみ置き場に出す
2　ごみ袋の中身を分別する
3　燃えるごみをごみ置き場に出す
4　ごみ回収センターに電話する

3　♪ N2-44
1　試験問題と解答用紙を確認する
2　受験番号のシールを机に貼る
3　試験時間を大きく書く
4　机の絵や字を消しゴムで消す

4　♪ N2-45
1　窓口で運転免許証を見せる
2　用紙に記入する
3　受付に声をかける
4　受付番号を発行する

5　♪ N2-46
1　机の上のごみを片付ける
2　いすを元の部屋に運ぶ
3　会議室に掃除機をかける
4　手伝いを呼びに行く

まず質問を聞いてください。そのあと、問題用紙のせんたくしを読んでください。読む時間があります。それから話を聞いて、問題用紙の1から4の中から、最もよいものを一つ選んでください。

1 🎵 N2-47
1 受け身の姿勢での勉強に意味はないと考えているから
2 子どもに毎日勉強する習慣をつける必要はないから
3 宿題をしない子どもを叱りたくないから
4 宿題についての保護者の理解を得ることが難しいから

2 🎵 N2-48
1 見た目をきれいにすること
2 相手に緊張が伝わらないようにすること
3 話し方を明るくすること
4 面接の準備を十分にすること

3 🎵 N2-49
1 学校の授業についていけないから
2 学校の授業がつまらないから
3 行きたい大学の対策コースがあるから
4 友達が通っているから

4 🎵 N2-50
1 もらったお金を使わずにとっておくこと
2 貯金した残りのお金で生活すること
3 人とは反対の考え方をすること
4 貯金する楽しみを持つこと

5 🎵 N2-51
1 夫婦であることを周囲に見せるため
2 ラッコ本来の海での習慣が残っているため
3 相手への好きな気持ちを表すため
4 水族館の客を喜ばせるため

6 🎵 N2-52
1 前川社長
2 倉田部長
3 佐々木さん
4 河合さん

第9週 5日目

課題理解 Task-based comprehension

　まず質問を聞いてください。それから話を聞いて、問題用紙の1から4の中から、最もよいものを一つ選んでください。

1　♪ N2-53　　1　新幹線のチケットを予約する
　　　　　　　2　ホテルをキャンセルする
　　　　　　　3　新幹線のチケットが変更できるか確認する
　　　　　　　4　京都駅までの車を予約する

2　♪ N2-54　　1　風呂場の掃除をする
　　　　　　　2　正月の買い物をする
　　　　　　　3　風呂場用の洗剤を買いに行く
　　　　　　　4　車のガソリンを入れに行く

3　♪ N2-55　　1　丁寧な字で書き直す
　　　　　　　2　体験部分を削除して短くする
　　　　　　　3　体験を書き加えて長くする
　　　　　　　4　旅行記として書き直す

4　♪ N2-56　　1　アプリをダウンロードする
　　　　　　　2　会員登録をする
　　　　　　　3　映画館にお金を払う
　　　　　　　4　クレジットカードを作る

5　♪ N2-57　　1　いすに座って待つ
　　　　　　　2　コンタクトレンズを取る
　　　　　　　3　石けんで手を洗う
　　　　　　　4　検査室に入る

まず質問を聞いてください。そのあと、問題用紙のせんたくしを読んでください。読む時間があります。それから話を聞いて、問題用紙の1から4の中から、最もよいものを一つ選んでください。

1　♪ N2-58　　1　店員のサービス
　　　　　　　　2　料理の量
　　　　　　　　3　料理の値段
　　　　　　　　4　店内の音楽

2　♪ N2-59　　1　会社からの距離
　　　　　　　　2　家賃
　　　　　　　　3　部屋の数
　　　　　　　　4　部屋の作り

3　♪ N2-60　　1　料理をしているとき
　　　　　　　　2　大学に通っているとき
　　　　　　　　3　日記を読んでいるとき
　　　　　　　　4　子どもとの時間を過ごしているとき

4　♪ N2-61　　1　運動不足だから
　　　　　　　　2　料金が割引になったから
　　　　　　　　3　夏までにダイエットしたいから
　　　　　　　　4　気分を変えたいから

5　♪ N2-62　　1　40代以降の人
　　　　　　　　2　若い人
　　　　　　　　3　伝統工芸に関心がある人
　　　　　　　　4　外国人観光客

6　♪ N2-63　　1　お金がなくなったから
　　　　　　　　2　時間ができたから
　　　　　　　　3　SNSに写真を出したかったから
　　　　　　　　4　料理本の出版が決まったから

概要理解 Summary comprehension

問題用紙に何もいんさつされていません。この問題は、全体としてどんな内容かを聞く問題です。話の前に質問はありません。まず話を聞いてください。それから、質問とせんたくしを聞いて、1から4の中から、最もよいものを一つ選んでください。

1　♪ N2-64　　1　　2　　3　　4

2　♪ N2-65　　1　　2　　3　　4

3　♪ N2-66　　1　　2　　3　　4

4　♪ N2-67　　1　　2　　3　　4

5　♪ N2-68　　1　　2　　3　　4

📅 _____月_____日

概要理解 Summary comprehension

　問題用紙に何もいんさつされていません。この問題は、全体としてどんな内容かを聞く問題です。話の前に質問はありません。まず話を聞いてください。それから、質問とせんたくしを聞いて、1から4の中から、最もよいものを一つ選んでください。

| 1 | 🎵 N2-69 | 1 | 2 | 3 | 4 |

| 2 | 🎵 N2-70 | 1 | 2 | 3 | 4 |

| 3 | 🎵 N2-71 | 1 | 2 | 3 | 4 |

| 4 | 🎵 N2-72 | 1 | 2 | 3 | 4 |

| 5 | 🎵 N2-73 | 1 | 2 | 3 | 4 |

概要理解 Summary comprehension

　問題用紙に何もいんさつされていません。この問題は、全体としてどんな内容かを聞く問題です。話の前に質問はありません。まず話を聞いてください。それから、質問とせんたくしを聞いて、1から4の中から、最もよいものを一つ選んでください。

1　♪ N2-74　　1　　2　　3　　4

2　♪ N2-75　　1　　2　　3　　4

3　♪ N2-76　　1　　2　　3　　4

4　♪ N2-77　　1　　2　　3　　4

5　♪ N2-78　　1　　2　　3　　4

概要理解 Summary comprehension

　問題用紙に何もいんさつされていません。この問題は、全体としてどんな内容かを聞く問題です。話の前に質問はありません。まず話を聞いてください。それから、質問とせんたくしを聞いて、1から4の中から、最もよいものを一つ選んでください。

| 1 | ♪ N2-79 | 1 | 2 | 3 | 4 |

| 2 | ♪ N2-80 | 1 | 2 | 3 | 4 |

| 3 | ♪ N2-81 | 1 | 2 | 3 | 4 |

| 4 | ♪ N2-82 | 1 | 2 | 3 | 4 |

| 5 | ♪ N2-83 | 1 | 2 | 3 | 4 |

概要理解 Summary comprehension

　問題用紙に何もいんさつされていません。この問題は、全体としてどんな内容かを聞く問題です。話の前に質問はありません。まず話を聞いてください。それから、質問とせんたくしを聞いて、1から4の中から、最もよいものを一つ選んでください。

聴解

第10週／5日目

1　🎵 N2-84　　1　　2　　3　　4

2　🎵 N2-85　　1　　2　　3　　4

3　🎵 N2-86　　1　　2　　3　　4

4　🎵 N2-87　　1　　2　　3　　4

5　🎵 N2-88　　1　　2　　3　　4

📅 _____月_____日

即時応答 Quick response

問題用紙に何もいんさつされていません。まず文を聞いてください。それから、それに対する返事を聞いて、1から3の中から、最もよいものを一つ選んでください。

| 1 | 🎵 N2-89 | 1 | 2 | 3 | | 7 | 🎵 N2-95 | 1 | 2 | 3 |

| 2 | 🎵 N2-90 | 1 | 2 | 3 | | 8 | 🎵 N2-96 | 1 | 2 | 3 |

| 3 | 🎵 N2-91 | 1 | 2 | 3 | | 9 | 🎵 N2-97 | 1 | 2 | 3 |

| 4 | 🎵 N2-92 | 1 | 2 | 3 | | 10 | 🎵 N2-98 | 1 | 2 | 3 |

| 5 | 🎵 N2-93 | 1 | 2 | 3 | | 11 | 🎵 N2-99 | 1 | 2 | 3 |

| 6 | 🎵 N2-94 | 1 | 2 | 3 | | 12 | 🎵 N2-100 | 1 | 2 | 3 |

即時応答 Quick response

　問題用紙に何もいんさつされていません。まず文を聞いてください。それから、それに対する返事を聞いて、1から3の中から、最もよいものを一つ選んでください。

| 1 | ♪ N2-101 | 1 | 2 | 3 | | 7 | ♪ N2-107 | 1 | 2 | 3 |

| 2 | ♪ N2-102 | 1 | 2 | 3 | | 8 | ♪ N2-108 | 1 | 2 | 3 |

| 3 | ♪ N2-103 | 1 | 2 | 3 | | 9 | ♪ N2-109 | 1 | 2 | 3 |

| 4 | ♪ N2-104 | 1 | 2 | 3 | | 10 | ♪ N2-110 | 1 | 2 | 3 |

| 5 | ♪ N2-105 | 1 | 2 | 3 | | 11 | ♪ N2-111 | 1 | 2 | 3 |

| 6 | ♪ N2-106 | 1 | 2 | 3 | | 12 | ♪ N2-112 | 1 | 2 | 3 |

即時応答 Quick response

問題用紙に何もいんさつされていません。まず文を聞いてください。それから、それに対する返事を聞いて、1から3の中から、最もよいものを一つ選んでください。

1	🎵 N2-113	1	2	3

7	🎵 N2-119	1	2	3

2	🎵 N2-114	1	2	3

8	🎵 N2-120	1	2	3

3	🎵 N2-115	1	2	3

9	🎵 N2-121	1	2	3

4	🎵 N2-116	1	2	3

10	🎵 N2-122	1	2	3

5	🎵 N2-117	1	2	3

11	🎵 N2-123	1	2	3

6	🎵 N2-118	1	2	3

12	🎵 N2-124	1	2	3

📅 ＿＿＿月＿＿＿日

即時応答 Quick response

問題用紙に何もいんさつされていません。まず文を聞いてください。それから、それに対する返事を聞いて、1から3の中から、最もよいものを一つ選んでください。

| 1 | 🎵 N2-125 | 1 | 2 | 3 | | 7 | 🎵 N2-131 | 1 | 2 | 3 |

| 2 | 🎵 N2-126 | 1 | 2 | 3 | | 8 | 🎵 N2-132 | 1 | 2 | 3 |

| 3 | 🎵 N2-127 | 1 | 2 | 3 | | 9 | 🎵 N2-133 | 1 | 2 | 3 |

| 4 | 🎵 N2-128 | 1 | 2 | 3 | | 10 | 🎵 N2-134 | 1 | 2 | 3 |

| 5 | 🎵 N2-129 | 1 | 2 | 3 | | 11 | 🎵 N2-135 | 1 | 2 | 3 |

| 6 | 🎵 N2-130 | 1 | 2 | 3 | | 12 | 🎵 N2-136 | 1 | 2 | 3 |

即時応答　Quick response

　問題用紙に何もいんさつされていません。まず文を聞いてください。それから、それに対する返事を聞いて、1から3の中から、最もよいものを一つ選んでください。

1	♪ N2-137	1	2	3
2	♪ N2-138	1	2	3
3	♪ N2-139	1	2	3
4	♪ N2-140	1	2	3
5	♪ N2-141	1	2	3
6	♪ N2-142	1	2	3

7	♪ N2-143	1	2	3
8	♪ N2-144	1	2	3
9	♪ N2-145	1	2	3
10	♪ N2-146	1	2	3
11	♪ N2-147	1	2	3
12	♪ N2-148	1	2	3

統合理解 Integrated comprehension

　問題用紙に何もいんさつされていません。まず話を聞いてください。それから、質問とせんたくしを聞いて、1から4の中から、最もよいものを一つ選んでください。

1　♪ N2-149　　1　　　2　　　3　　　4

2　♪ N2-150　　1　　　2　　　3　　　4

　まず話を聞いてください。それから、二つの質問を聞いて、それぞれ問題用紙の1から4の中から、最もよいものを一つ選んでください。

3　♪ N2-151

質問1
　　1　神矢坂
　　2　三沢
　　3　浅倉
　　4　中谷

質問2
　　1　神矢坂
　　2　三沢
　　3　浅倉
　　4　中谷

統合理解 Integrated comprehension

問題用紙に何もいんさつされていません。まず話を聞いてください。それから、質問とせんたくしを聞いて、1から4の中から、最もよいものを一つ選んでください。

1 🎵 N2-152　　1　　　2　　　3　　　4

2 🎵 N2-153　　1　　　2　　　3　　　4

まず話を聞いてください。それから、二つの質問を聞いて、それぞれ問題用紙の1から4の中から、最もよいものを一つ選んでください。

3 🎵 N2-154

質問1

　　1　Aコース
　　2　Bコース
　　3　Cコース
　　4　Dコース

質問2

　　1　Aコース
　　2　Bコース
　　3　Cコース
　　4　Dコース

統合理解 Integrated comprehension

問題用紙に何もいんさつされていません。まず話を聞いてください。それから、質問とせんたくしを聞いて、1から4の中から、最もよいものを一つ選んでください。

1 ♪ N2-155 　　1　　　2　　　3　　　4

2 ♪ N2-156 　　1　　　2　　　3　　　4

まず話を聞いてください。それから、二つの質問を聞いて、それぞれ問題用紙の1から4の中から、最もよいものを一つ選んでください。

3 ♪ N2-157

質問1

1 『明日へ』
2 『理想のお部屋作りの3つの法則』
3 『深夜のフライト』
4 『やせたければラーメンを食べろ』

質問2

1 『明日へ』
2 『理想のお部屋作りの3つの法則』
3 『深夜のフライト』
4 『やせたければラーメンを食べろ』

統合理解 Integrated comprehension

　問題用紙に何もいんさつされていません。まず話を聞いてください。それから、質問とせんたくしを聞いて、1から4の中から、最もよいものを一つ選んでください。

| 1 | 🎵 N2-158 | 1 | 2 | 3 | 4 |

| 2 | 🎵 N2-159 | 1 | 2 | 3 | 4 |

　まず話を聞いてください。それから、二つの質問を聞いて、それぞれ問題用紙の1から4の中から、最もよいものを一つ選んでください。

| 3 | 🎵 N2-160 |

質問1

　　1　Aコース
　　2　Bコース
　　3　Cコース
　　4　Dコース

質問2

　　1　Aコース
　　2　Bコース
　　3　Cコース
　　4　Dコース

統合理解 Integrated comprehension

　問題用紙に何もいんさつされていません。まず話を聞いてください。それから、質問とせんたくしを聞いて、1から4の中から、最もよいものを一つ選んでください。

1　♪ N2-161　　1　　　2　　　3　　　4

2　♪ N2-162　　1　　　2　　　3　　　4

　まず話を聞いてください。それから、二つの質問を聞いて、それぞれ問題用紙の1から4の中から、最もよいものを一つ選んでください。

3　♪ N2-163

質問1

1　道案内スタッフ
2　販売スタッフ
3　会場案内スタッフ
4　警備スタッフ

質問2

1　道案内スタッフ
2　販売スタッフ
3　会場案内スタッフ
4　警備スタッフ

JLPT N2

全科目攻略！

日本語能力試験
ベスト
総合問題集

Succeed in all sections!
The Best Complete Workbook
for the Japanese-Language Proficiency Test

別冊

解答一覧 ● Answers

第1週　1日目

漢字読み Kanji reading (p.16)

1	2	3	4	5
2	3	1	4	1

表記 Orthography (p.16)

1	2	3	4	5
3	4	2	1	3

語形成 Word formation (p.17)

1	2	3	4	5
3	4	1	2	3

第1週　2日目

漢字読み Kanji reading (p.18)

1	2	3	4	5
2	1	4	2	3

表記 Orthography (p.18)

1	2	3	4	5
4	1	4	4	3

語形成 Word formation (p.19)

1	2	3	4	5
2	3	1	4	4

第1週　3日目

漢字読み Kanji reading (p.20)

1	2	3	4	5
2	4	1	3	1

表記 Orthography (p.20)

1	2	3	4	5
4	1	3	3	2

語形成 Word formation (p.21)

1	2	3	4	5
3	2	4	1	4

第1週　4日目

漢字読み Kanji reading (p.22)

1	2	3	4	5
2	3	1	4	2

表記 Orthography (p.22)

1	2	3	4	5
3	3	1	4	3

語形成 Word formation (p.23)

1	2	3	4	5
4	3	1	2	2

第1週　5日目

漢字読み Kanji reading (p.24)

1	2	3	4	5
2	1	4	1	3

表記 Orthography (p.24)

1	2	3	4	5
3	4	4	1	2

語形成 Word formation (p.25)

1	2	3	4	5
3	4	2	4	2

第2週　1日目

文脈規定 Contextually-defined expressions (p.26)

1	2	3	4	5	6	7
3	3	4	1	4	2	3

言い換え類義 Paraphrases (p.27)

1	2	3	4	5
3	4	1	4	2

第2週　2日目

文脈規定 Contextually-defined expressions (p.28)

1	2	3	4	5	6	7
1	3	1	3	3	2	4

言い換え類義 Paraphrases (p.29)

1	2	3	4	5
1	3	4	3	1

第2週　3日目

文脈規定 Contextually-defined expressions (p.30)

1	2	3	4	5	6	7
3	4	4	1	2	4	1

言い換え類義 Paraphrases (p.31)

1	2	3	4	5
1	3	4	2	3

第2週　4日目

文脈規定 Contextually-defined expressions (p.32)

1	2	3	4	5	6	7
3	1	2	4	4	1	3

言い換え類義 Paraphrases (p.33)

1	2	3	4	5
2	3	1	4	1

第2週　5日目

文脈規定 Contextually-defined expressions (p.34)

1	2	3	4	5	6	7
1	3	2	3	2	3	1

言い換え類義 Paraphrases (p.35)

1	2	3	4	5
4	3	1	2	3

第3週　1日目

用法 Usage (p.36)

1	2	3	4	5
2	4	1	3	3

文の組み立て Sentence composition (p.37)

1	2	3	4	5
4	1	2	1	3

第3週　2日目

用法 Usage (p.38)

1	2	3	4	5
3	2	1	3	2

文の組み立て Sentence composition (p.39)

1	2	3	4	5
3	4	3	1	2

第3週　3日目

用法 Usage (p.40)

| 1 | 4 | 2 | 2 | 3 | 3 | 4 | 4 | 5 | 1 |

文の組み立て Sentence composition (p.41)

| 1 | 1 | 2 | 4 | 3 | 4 | 4 | 2 | 5 | 4 |

第3週　4日目

用法 Usage (p.42)

| 1 | 3 | 2 | 4 | 3 | 1 | 4 | 2 | 5 | 1 |

文の組み立て Sentence composition (p.43)

| 1 | 1 | 2 | 2 | 3 | 1 | 4 | 2 | 5 | 1 |

第3週　5日目

用法 Usage (p.44)

| 1 | 4 | 2 | 2 | 3 | 3 | 4 | 4 | 5 | 1 |

文の組み立て Sentence composition (p.45)

| 1 | 1 | 2 | 3 | 3 | 4 | 4 | 1 | 5 | 1 |

第4週　1日目

文法形式の判断 Selecting grammar form (pp.46-47)

| 1 | 4 | 2 | 2 | 3 | 1 | 4 | 2 | 5 | 3 | 6 | 2 |
| 7 | 4 | 8 | 3 | 9 | 1 | 10 | 3 | 11 | 4 | 12 | 2 |

文章の文法 Text grammar (pp.48-49)

| 1 | 1 | 2 | 4 | 3 | 3 | 4 | 2 | 5 | 4 |

第4週　2日目

文法形式の判断 Selecting grammar form (pp.50-51)

| 1 | 1 | 2 | 3 | 3 | 1 | 4 | 4 | 5 | 2 | 6 | 2 |
| 7 | 1 | 8 | 2 | 9 | 4 | 10 | 4 | 11 | 3 | 12 | 1 |

文章の文法 Text grammar (pp.52-53)

| 1 | 1 | 2 | 3 | 3 | 2 | 4 | 2 | 5 | 4 |

第4週　3日目

文法形式の判断 Selecting grammar form (pp.54-55)

| 1 | 2 | 2 | 1 | 3 | 4 | 4 | 3 | 5 | 1 | 6 | 2 |
| 7 | 4 | 8 | 1 | 9 | 2 | 10 | 3 | 11 | 2 | 12 | 1 |

文章の文法 Text grammar (pp.56-57)

| 1 | 3 | 2 | 1 | 3 | 3 | 4 | 2 | 5 | 4 |

第4週　4日目

文法形式の判断 Selecting grammar form (pp.58-59)

| 1 | 2 | 2 | 3 | 3 | 2 | 4 | 1 | 5 | 1 | 6 | 2 |
| 7 | 4 | 8 | 3 | 9 | 1 | 10 | 4 | 11 | 3 | 12 | 4 |

文章の文法 Text grammar (pp.60-61)

| 1 | 1 | 2 | 3 | 3 | 2 | 4 | 4 | 5 | 2 |

第4週　5日目

文法形式の判断 Selecting grammar form (pp.62-63)

| 1 | 1 | 2 | 1 | 3 | 2 | 4 | 3 | 5 | 1 | 6 | 4 |
| 7 | 3 | 8 | 2 | 9 | 4 | 10 | 4 | 11 | 3 | 12 | 2 |

文章の文法 Text grammar (pp.64-65)

| 1 | 2 | 2 | 2 | 3 | 1 | 4 | 3 | 5 | 4 |

第5週　1日目

内容理解（短文）
Comprehension (Short passages) (pp.76-79)

(1) | 1 | 3 |　(2) | 1 | 4 |　(3) | 1 | 2 |　(4) | 1 | 3 |　(5) | 1 | 3 |

第5週　2日目

内容理解（短文）
Comprehension (Short passages) (pp.80-83)

(1) | 1 | 3 |　(2) | 1 | 3 |　(3) | 1 | 1 |　(4) | 1 | 2 |　(5) | 1 | 3 |

第5週　3日目

内容理解（短文）
Comprehension (Short passages) (pp.84-87)

(1) | 1 | 2 |　(2) | 1 | 4 |　(3) | 1 | 4 |　(4) | 1 | 2 |　(5) | 1 | 1 |

第5週　4日目

内容理解（短文）
Comprehension (Short passages) (pp.88-91)

(1) | 1 | 3 |　(2) | 1 | 2 |　(3) | 1 | 4 |　(4) | 1 | 4 |　(5) | 1 | 4 |

第5週　5日目

内容理解（短文）
Comprehension (Short passages) (pp.92-95)

(1) | 1 | 3 |　(2) | 1 | 1 |　(3) | 1 | 2 |　(4) | 1 | 4 |　(5) | 1 | 3 |

第6週　1日目

内容理解（中文）
Comprehension (Mid-size passages) (pp.96-101)

(1)	1	1	2	2	3	3
(2)	1	2	2	3	3	2
(3)	1	3	2	2	3	4

第6週　2日目

内容理解（中文）
Comprehension (Mid-size passages) (pp.102-107)

(1)	1	3	2	4	3	1
(2)	1	2	2	1	3	2
(3)	1	2	2	3	3	1

ポイント理解 Point comprehension (p.173)

1	4	2	3	3	3	4	2	5	3	6	1

第9週　4日目

課題理解 Task-based comprehension (p.174)

1	3	2	4	3	3	4	2	5	2

ポイント理解 Point comprehension (p.175)

1	2	2	4	3	3	4	4	5	2	6	2

第9週　5日目

課題理解 Task-based comprehension (p.176)

1	3	2	3	3	4	4	4	5	3

ポイント理解 Point comprehension (p.177)

1	4	2	4	3	3	4	1	5	2	6	2

第10週　1日目

概要理解 Summary comprehension (p.178)

1	4	2	4	3	2	4	3	5	3

第10週　2日目

概要理解 Summary comprehension (p.179)

1	2	2	1	3	4	4	3	5	3

第10週　3日目

概要理解 Summary comprehension (p.180)

1	4	2	1	3	2	4	3	5	4

第10週　4日目

概要理解 Summary comprehension (p.181)

1	4	2	2	3	3	4	4	5	2

第10週　5日目

概要理解 Summary comprehension (p.182)

1	3	2	1	3	2	4	2	5	3

第11週　1日目

即時応答 Quick response (p.183)

1	3	2	1	3	2	4	3	5	1	6	3
7	1	8	2	9	1	10	2	11	2	12	1

第11週　2日目

即時応答 Quick response (p.184)

1	1	2	3	3	3	4	2	5	2	6	1
7	1	8	2	9	2	10	1	11	1	12	1

第11週　3日目

即時応答 Quick response (p.185)

1	3	2	1	3	1	4	3	5	2	6	1
7	3	8	1	9	3	10	1	11	2	12	3

第11週　4日目

即時応答 Quick response (p.186)

1	1	2	1	3	3	4	2	5	2	6	1
7	3	8	1	9	2	10	2	11	1	12	2

第11週　5日目

即時応答 Quick response (p.187)

1	2	2	3	3	1	4	3	5	2	6	1
7	1	8	2	9	1	10	3	11	1	12	3

第12週　1日目

統合理解 Integrated comprehension (p.188)

1	2	2	3	3	質問1	4	質問2	1

第12週　2日目

統合理解 Integrated comprehension (p.189)

1	1	2	4	3	質問1	3	質問2	1

第12週　3日目

統合理解 Integrated comprehension (p.190)

1	3	2	4	3	質問1	3	質問2	4

第12週　4日目

統合理解 Integrated comprehension (p.191)

1	4	2	2	3	質問1	4	質問2	2

第12週　5日目

統合理解 Integrated comprehension (p.192)

1	3	2	3	3	質問1	2	質問2	3

聴解スクリプト ● Scripts

第9週　1日目

課題理解 Task-based comprehension　　　p.168

1 🎵 N2-9　答え　2

会社で男の人と女の人が話しています。男の人はこれからまず何をしますか。

男：小林さん、来週の新車発表会なんですが、どこに何を置くかレイアウトを考えてみたので、ちょっと確認していただけませんか。

女：いいですよ。会場の入口はここですよね？ここで受付したり、資料を渡したりしますから当日は邪魔にならないように花を会場入口の外に出してください。

男：はい。

女：それから来場者には展示会場に入る前にロビーで新車の特徴などをまとめた動画を見ていただく予定ですから、いすは展示会場ではなく、ロビーのほうに並べてください。それに、これでは数も足りてないから、すぐに追加してください。

男：はい、わかりました。展示会場に軽食などの用意は必要でしょうか。

女：それは、坂田さんにお願いしてありますから大丈夫ですよ。でも当日はロビーのこの辺に、そのための場所を作っておいてください。

男：はい、わかりました。

男の人はこれからまず何をしますか。

2 🎵 N2-10　答え　1

旅行会社で男の人と女の人が話しています。女の人はこれからまず何をしますか。

男：三浦さん、この「富士山を見ながら楽しむ桃狩りバスツアー」なんだけど、先日の台風のせいで、行く予定だった農家さんの桃が全部落ちちゃったんだよね。桃狩りバスツアーで桃がないなんてあり得ないでしょ。

女：ええ。

男：そこで行く場所を変更したんだけど、そこからだと富士山が見えなくて。悪いんだけど、

至急ご予約いただいているお客様に事情を説明してもらえないかな。

女：はい、わかりました。もしもキャンセル希望の場合、ご返金はできますか。

男：いや、日にちも迫っているし、自然災害に当たるから返金はできないことになっているんだ。キャンセルせずに参加していただければ、記念品をお渡しすることも伝えてくれるかな。

女：わかりました。

男：記念品は参加人数がわかり次第、私が頼んでおくから。

女：はい。桃狩り以外の行き先は、予定通りでよろしいでしょうか。

男：それは大丈夫。変更は一点だけだからよろしく頼むね。

女：はい、わかりました。

女の人はこれからまず何をしますか。

3 🎵 N2-11　答え　3

コンビニで女の店員と店長が話しています。女の店員はこれからまず何をしますか。

女：店長、すみませんが来月からシフトを変えていただきたいんですが。

男：来月からって、もう2週間前じゃない。急に言われてもね。

女：本当にすみません。実は、水曜日に就職セミナーが行われることが多いので、その日を空けたいんです。

男：そうか。山下さんにはいつも助けてもらってるし、そういうことなら応援しなくちゃね。

女：ありがとうございます。

男：確か木村さんが水曜日にシフトを希望していたような。今日来るはずだけど、僕、その時間いないから、直接聞いてみて。

女：わかりました。あのう実は、私の知り合いにここで働きたがっている人がいるんです。経験はないんですが、もし人が足りないようなら……。

男：誰でもいいわけじゃないし、経験がない人は困るんだよね。

女：そうですか、わかりました。

男：そういえば山下さん、さっき頼んだコーヒーを淹れる機械の掃除だけど、もうやってくれた？

女：あっ、すみません。すっかり忘れていました。

男：あれは時間がかかるから今すぐお願いね。それから木村さんと話したらすぐに結果を教えてね。もし木村さんが無理そうなら、すぐに社員の誰かに来てもらうように頼まなきゃならないから。

女：はい。

女の店員はこれからまず何をしますか。

4 🎵 N2-12 答え 2

日本語学校で男の留学生と先生が話しています。男の留学生はこれからまず何をしますか。

男：あの、先生、今よろしいですか。

女：あ、マンさん。どうしたんですか。

男：昨日卒業式の後のパーティーで流すスライドショーをメールで送ったのですが、もうご覧いただけましたか。

女：はい、見ましたよ。よくできていますね。でもちょっと気になるところがありました。例えば写真の数なんですけど、クラスによって差がありますから、どのクラスも同じぐらいになるようにしてほしいんです。

男：あの、それは、クラスごとに写真を送ってくれるように言ったのですが、全然送ってくれないクラスもあって。

女：大変なのはわかりますが、どのクラスにとってもいい思い出として残るものにしたいので、もう一度声をかけて写真を集めてください。

男：はい。

女：あとスライドショーと一緒に流す音楽ですが、本当にあの曲でいいですか。私は皆さんらしくて好きですけど、もう少し感動的な曲に変えてもいいかもしれませんよ。

男：あれはアンケートをとってみんなで決めた曲

なんですが。

女：そうだったんですね。それならそのまま使いましょう。

男：ありがとうございます。あと、先生方の写真やコメントを追加してもよろしいでしょうか。

女：それは、先生たちが準備していますから、マンさんはさっきのことをよろしくお願いします。

男：はい、わかりました。

男の留学生はこれからまず、何をしますか。

5 🎵 N2-13 答え 2

家で女の人と男の人が話しています。男の人はこれからまず何をしますか。

女：ねえ、今日うちの実家に行くよね？

男：うん、純子もおばあちゃんに会いたがっているし。あとで何かお土産のお菓子でも買ってくるよ。

女：ありがとう。でもお土産はもう買ってあるから大丈夫だよ。それより車を洗ってくれないかな？ いつも実家に行くと車ぐらいちゃんと洗えって言われちゃうし。

男：わかったよ。でも先にラブの散歩にも行かなきゃ。さっきから散歩に連れて行けってワンワン鳴いているし。

女：それは大丈夫。掃除が終わったら、私が純子とラブを連れて公園に行ってくるから。

男：そっか。あっ、見て見て！ このテレビ番組好きなんだよね。見たいな。

女：それ、見てから車を洗ったら、出かけるの夕方になっちゃうよ。どうせインターネットですぐ配信されるから、今度ゆっくり見ようよ。

男：わかったよ。

男の人はこれからまず何をしますか。

ポイント理解 Point comprehension　p.169

1 🎵 N2-14 答え 2

図書館で係りの人と女の人が話しています。女の人は新しい本を最長でいつまで借りられますか。

男：貸し出し希望の本はこちらの6冊でよろしい

女：はい。あの、すみません。こちらの本はいつまで借りられますか。

男：こちらの新しい本は１週間、それ以外は２週間です。

女：１週間ですか。それじゃ３冊も読めないかな。後から延長することはできますか。

男：はい。次に借りたい人の予約が入っていなければ、返却期限日から２週間延ばすことができます。ですが、新しい本につきましては、延長は１週間までです。

女：延長ができれば、今日借りる新しい本は２週間後に返せばいいんですね。

男：はい。

女：延長は何回もできるんですか。

男：いえ、延長は１回の貸し出しにつき１回までとなっております。

女：そうですか、わかりました。

女の人は新しい本を最長でいつまで借りられますか。

---

2 🎵 N2-15　答え　3

テレビで女の人が話しています。女の人は花をきれいに飾る一番のポイントは何だと言っていますか。

女：花をきれいに飾るポイントはいくつかあります。まず大事なことは、花の組み合わせです。こちらに飾られている花を見てください。いろいろな種類の花が使われていますね。鮮やかな色に自然と目が向きます。また、花瓶選びも重要です。このシンプルな花瓶が主張しすぎずに花をきれいに見せています。しかし、何と言っても花をきれいに飾るには、どの角度からも美しく見えるようにすることが大事です。正面から見ただけではなく、横からも後ろからもバランスよく見えるように飾ってください。それから、温度などで花の寿命も変わりますから、花にとって快適な風通しのいい場所に飾ることも忘れないでくださいね。

女の人は花をきれいに飾る一番のポイントは何だと言っていますか。

---

3 🎵 N2-16　答え　3

喫茶店で男の人と女の人が話しています。女の人は何に疲れていると言っていますか。

男：近藤さん、最近仕事はどう？

女：うん、まあまあうまくやってるかな。でも、人間関係がちょっと……。

男：それはどこでもあるよね。僕の場合、昔は周りから何を考えているかわからないとか言われて、ちょっとめんどくさいと思ったことがあったよ。

女：そうなんだ。実はね、ちょっと、同僚に対して、それってどうなのかなって思うことがあって。

男：あ、ひょっとして、近藤さん、面倒見がいいから頼られすぎちゃってるんじゃないの？

女：それなら別にいいんだけど、その反対。新しく入ってきた同僚なんだけど、マイペースというか、人を頼らないというか。わからないことを聞けないでいるのかと思って、できるだけ私から声をかけるようにしてるんだけど、それも彼女には迷惑みたいで。チームを組んでるんだから、もう少し仲間意識があってもいいんじゃないかなって思うんだよね。それで最近、なんか疲れちゃって。

男：そう。でもあんまり気にしないほうがいいと思うよ。それにその人は、近藤さんが気を使ってるなんて、きっと気付いてもいないと思うよ。もしかしたら、自分の仕事をするのに必死で、周りが見えていないだけなんじゃないかな？　もう少し様子を見てみたら？

女：そうだね。

女の人は、何に疲れていると言っていますか。

---

4 🎵 N2-17　答え　4

男の人がインタビューに答えています。男の人がペットを飼わないのはどうしてですか。

男：ペットですか？　今は飼っていません。もちろん、動物は好きですよ。子どものころは家に猫がいました。でも、病気になってしまって……。今でもその猫を思い出して、悲しくな

ることがあります。猫と遊びたくなった時は、猫がいる喫茶店に行っています。先日も行って遊んできたんですが、帰りの電車で服が猫の毛だらけになってることに気が付いて、恥ずかしくなってしまいました。まあ、今は仕事も忙しくて、ちゃんと面倒が見られそうにないので、無責任に生き物を飼うことはできないと思っています。でも、いつかまたペットを飼いたいと思っていますよ。

男の人がペットを飼わないのはどうしてですか。

5 ♪N2-18 答え 1

女の人と男の人が話しています。男の人はどうして子どもに料理をさせることを勧めていますか。

女：田中さん、ちょっと聞いてよ。うちの娘なんだけどね、もうすぐ中学生になるっていうのに計画を立てて動けないというか、適当すぎるというか、ちょっと心配なんだよね。田中さんは子育ての先輩だから何かアドバイスがもらえないかと思って。

男：それなら、料理がいいんじゃないかな。

女：料理？

男：うん。料理って完成したものをイメージしながら作っていくでしょう？材料を無駄にしないように考えて、どの順番で進めれば、早く、楽にできるのかも考えて。しかも、料理と同時に調理器具を洗ったり、テーブルをセットしたりするから、自然と先を考えて行動する力がつくんだって。

女：確かに。料理っていろいろなことを考えないとできないよね。将来的にも役に立ちそうだし、それいい考えだね。うちの娘、食べることが好きだから、それなら興味を持ってもらえそうだよ。

男の人はどうして子どもに料理をさせることを勧めていますか。

6 ♪N2-19 答え 3

男の人と女の人が話しています。女の人はどうして朝まで起きていましたか。

男：あれ？梅田さん、どうしたの？なんか疲れてる？

女：あー、昨日全然寝てなくて。

男：また、隣の部屋の人が騒いでたの？大家さんに言えばよかったのに。

女：違うよ、そうじゃない。実は昨日、久しぶりに実家に帰ったんだけど、急に妹に結婚したい人がいるって言われて。

男：それで妹さんと遅くまで話してたんだ？

女：ううん。いろいろ話したけど、夕方にはこっちに帰ってきた。

男：じゃ、なんで？

女：家に帰ってから、急に寂しくなってお酒を飲み始めちゃったんだよね、妹と撮った昔の写真を見ながら。気づいたら外が明るくなってた。別に悲しいことじゃないんだけど、なんか妹を取られちゃったような気になっちゃって。

男：梅田さんが結婚した時も、妹さんは寂しかったんじゃないの？

女：そうなのかもしれないね。

女の人はどうして朝まで起きていましたか。

課題理解 Task-based comprehension　p.170

1 ♪N2-20 答え 2

会社で部長と男の人が話しています。男の人はこの後まず何をしますか。

女：明日の会議の資料だけど、どうなってる？

男：原稿はできているので、後は印刷するだけです。

女：印刷はまだなんだ。よかった。じゃ、このアンケート結果の数字なんだけど、グラフにして資料の中に入れてくれる？

男：はい、わかりました。至急、作り直します。その後、すぐ印刷してもかまいませんか。

女：その前に、どんなグラフになったかだけ、見せてくれる？

男：わかりました。すぐに作成してお持ちします。

女：それと会議に必要なものは全部そろえておいた？

男：はい、必要だと思われる機器の準備と点検は済んでいます。

女：あ、そうなの。

男：こちらがそのリストです。不足がないか、確認していただけますでしょうか。

女：うん、わかった。

男の人はこの後まず何をしますか。

鉄道会社の人と男の人が電話で話しています。男の人はこれからまず何をしますか。

女：はい、東西鉄道お客様センターです。

男：すみません。駅のホームのベンチに手袋を置き忘れてしまったんですが、届いていますでしょうか。

女：お調べします。お忘れになったのはいつですか。

男：今日の昼12時過ぎだったと思います。

女：それでしたら、まだご利用になった駅の事務所にあるはずです。2日間は事務所で預かることになっておりますので。どちらの駅ですか。

男：桜が丘駅です。

女：そうですか。まだ事務所に届いていない場合もありますから、まずは電話で、あるかどうか確認してみてください。

男：はい。でも、営業先で使った駅で、なかなか行く機会がなくて。

女：お客様センターでのお受け取りをご希望ですか。

男：はい、できれば。

女：桜が丘駅でお預かりしていれば、3日後にはこちらでお受け取りができますが。

男：それだと、助かります。

女：わかりました。では、先ほど申し上げたとおり、桜が丘駅で預かっているかどうか……。

男：あ、はい、それは確認します。

女：それからこちらでも5日過ぎますと、警察へ届けますので、ご注意ください。

男：わかりました。

男の人はこれからまず何をしますか。

会社で部長と女の人が話しています。女の人はこの後まず何をしますか。

男：木村さん、来週本社から社長がいらっしゃる件だけど、当日のスケジュールはもうわかってる？

女：はい、昨日本社からメールをもらったので、皆さんにお渡しできるように、今予定表を作成しております。

男：仙台空港への到着は午後1時で変わらない？

女：はい、メールで確認がとれたので、出迎えは営業部の佐々木さんにお願いしました。

男：そうか。昼食の予約はした？

女：いえ。飛行機の中で召し上がるかと。しておいたほうがよろしいですか。

男：うーん、確かに社長はお忙しい方だから、飛行機で済ませてしまうかもね。もし、到着後にとるようなら、私が直接お迎えに上がって、新商品の報告もかねて食事をしようかと思ったんだけど。

女：では、すぐに本社に電話で確認してみます。

男：悪いね。

女：もし、そのようになれば、こちらでレストランを予約してもよろしいですか。

男：うん、お願い、いつものところで。そうなったら、佐々木さんはいいから、それも連絡してあげてね。

女：わかりました。

女の人はこの後まず何をしますか。

女の人とアパートの管理会社の人が電話で話しています。女の人はこの後まず何をしますか。

男：はい、スマイル住宅です。

女：もしもし、ベルハウス202号室の者ですが。

男：はい、どうしましたか。

女：先日の地震のせいか、えーと、名前、何でしたっけ？　部屋の電気をコントロールする

……、えーと、電気を使いすぎると切れちゃう。

男：ブレーカーですか。

女：そうそう、ブレーカーです。先日の地震のせいか、その機器が壁から外れて落ちかけているんです。

男：えーと、それで電気がつかないというわけではないんですね。

女：ええ、電気はつくんですが、機器そのものが落ちてきそうなんです。

男：では、その地域の担当者に連絡して対応させます。本日はお出かけのご予定はありませんか。

女：これから仕事で……。午後なら大丈夫です。

男：かしこまりました。では、担当者に説明するので、状態がわかるように写真を撮ってこちらに送っていただけますか。早く直したほうがいいと思うので、できるだけすぐにお願いします。

女：はい、わかりました。

男：万が一、中の線が切れていると、火花が出て火事になる恐れがありますので、出かける時には、ブレーカーのレバーを下げて、完全に電気を切ってからお出かけください。その場合、お部屋の照明はもちろんですが、冷蔵庫の電気も切れてしまうので、ご注意ください。

女：そっか、冷凍食品があるけど、仕方ないですね。わかりました。

女の人はこの後まず何をしますか。

5 🎵 N2-24　答え　1

日本語学校で女の先生と留学生が話しています。留学生はこの後まず何をしますか。

女：ビカスさん、大学の願書、見ましたよ。

男：どうでしたか。どこか直すところは……。

女：えーと、ここ、この大学に入りたいと思った理由。特に、この経営の知識が必要だと思った理由で、将来は店を経営したいからって書いてあるけど、具体的にどんな店を作りたいのか、そう思ったきっかけをしっかりと書か

ないと。

男：日本の着物の生地についてのテレビ番組を見て、色の美しさに感動して。僕の国では毛糸をよく使うんですが、色のつけ方を毛糸に応用できないかと思ったのがきっかけなんです。

女：それ、いいじゃない！　それを書かないと！

男：はい。

女：それから、自分のやりたいことと、この大学の特徴が合っていないとだめだから、パンフレットをよく読んで、書いてください。

男：わかりました。あと直すところは……。

女：あとは内容というより文法的なところですね。それは赤ペンで直しておいたから、まずは、さっき言ったところを書き足して、もう一度見せてください。

男：はい、すぐやります。

留学生はこの後まず何をしますか。

ポイント理解 Point comprehension　p.171

1 🎵 N2-25　答え　3

会社で男の人と女の人が話しています。女の人はどうしてリーダーになりたくないと言っていますか。

男：阿部さん、さっき部長から来月のテレビコマーシャルの制作リーダーをやってみないかって言われていたよね。もちろん受けるんでしょ。

女：それが、できれば断りたくて。

男：えー！　チャンスじゃん。制作リーダーとして成功すると、早く出世するって噂じゃない。阿部さん、去年はその制作メンバーだったし、コマーシャル制作に不安はないでしょう？

女：うん、それはそれぞれ専門の担当者もいるし、問題はないんだけど。

男：じゃ、娘さんがまだ小さいから？　リーダーになると残業も増えるし、仕事と育児じゃかなりの負担だよね。

女：まあね。でも、母が面倒を見てくれるから、心配ないんだけど、半年前から娘がピアノを習っていて、初めてのピアノの発表会を楽しみにしてるんだよね。娘が一人でやるならいいんだけど、親子演奏をするの。だから今一緒にピアノ教室に通ってて。

男：残業が増えると、習いに行く時間が取れないってわけだね。

女：うん、実はそうなの。

男：仕事熱心な阿部さんが、出世に興味ないのかと思ったよ。

女：それは、絶対ない。主任の次は、課長、部長って、出世のコースに乗れるもんなら乗りたいよ。

女の人はどうしてリーダーになりたくないと言っていますか。

---

2 ♪N2-26　答え　2

女の人と男の人が話しています。男の人が毎日走るもともとの理由は何ですか。

女：トアンさん、毎日走ってるようだけど、ジョギングが趣味なの？

男：いや、趣味ってわけではないよ。

女：じゃあ、どうして？ もしかしてダイエット？

男：実は3か月前、国にいた時、サッカーをしていて足の骨を折っちゃって。手術も成功したんだけど、1か月近く入院していたから、筋肉量が落ちてしまったんだ。

女：そうなんだ。

男：日本に来る前は、病院で指導を受けながらトレーニングをしていたんだけど、まだ筋肉量が足りないから日本でも続けるように言われていて。

女：それを守っているってわけだね。大変だね。

男：そんなことはないよ。この間、犬の散歩をしている日本人のおじいさんと知り合って、いろいろ楽しい話ができたし、何しろ犬がかわいくて、最近では犬に会うために走っている感じだな。

女：そうなんだ。頑張って。

男：うん、ありがとう。

男の人が毎日走るもともとの理由は何ですか。

---

3 ♪N2-27　答え　3

会社で男の人と女の人が話しています。部長は来週の木曜日に何をしますか。

男：加藤さん、そろそろ忘年会の店を予約しなければならないので、部長の来週と再来週のご予定を教えていただけますか。

女：ちょっと待ってください。えーと、来週は水曜日と木曜日以外なら大丈夫ですよ。再来週は、金曜日からその次の火曜日にかけて海外にご出張なので、いらっしゃいません。

男：あれ？ 来週金曜日の取引先との食事会はなくなったんですか。

女：はい、取引先の方のご都合が悪くなったそうで、1日前の木曜日に変更になったんです。

男：そうでしたか。じゃあ、金曜日に忘年会を入れてもよさそうですね。

女：ええ、翌日も土曜日でお休みですし、きっと大丈夫だと思います。もう一度、部長にも確認を取って後ほどお返事しますね。

部長は来週の木曜日に何をしますか。

---

4 ♪N2-28　答え　2

マラソン大会終了後に女のレポーターが選手にインタビューをしています。選手は優勝の一番の要因は何だと考えていますか。

女：鈴木選手、優勝おめでとうございます。日本人初の2時間4分台、本当に感動しました。優勝の一番の要因は何だとお考えでしょうか。やはり高地での合宿の成果でしょうか。

男：それもありますが、35キロメートル付近で、最後の水を取れなかったことで、スイッチが入りました。もう思い切って走るしかないと思って、前の選手を追い抜いて、さらにスピードを上げて走りました。それが一番ですかね。

女：ええ、あの後どんどんその選手を離しましたよね。なるほど、それがきっかけとなったんですね。

男：まあ、ゴール前、残り5キロメートルは非常にきつかったですが、たくさんの方が応援に来てくださっていて、それも力になりました。

女：そうですか。では最後に一言。

男：そうですね。これまで支えてくれたコーチ、関係者、見に来てくださった方、テレビで応

援してくださった皆様に感謝申し上げます。ありがとうございました。
選手は優勝の一番の要因は何だと考えていますか。

---

5 🎵 N2-29　答え　3

保育の専門学校で先生が話しています。後期の授業を受けるために必要な条件は何ですか。

女：この授業は、将来保育士として働く上で必要な知識を蓄えるため、前期は教科書を使って進めます。後期は教室での授業もありますが、前期に学んだことが、実際にどのように活用されているか、現場を見学してもらいます。ですから、基礎となる前期の授業は大切です。試験についてですが、前期は筆記試験をしますが、後期はレポートで評価します。ただし、前期終了時に出席率が80%未満の学生は試験が受けられず、後期の参加も認めませんので、十分注意してください。なお、病気などによる欠席は医師の診断があるものに限り認めますが、健康管理もしっかりとしてください。
後期の授業を受けるために必要な条件は何ですか。

---

6 🎵 N2-30　答え　1

店員が傘について話しています。この傘がこれまでの傘より優れている点は何ですか。

女：こちらの傘は、「折り畳み傘は便利だけど、作りが弱くて風が強いと裏返ってしまって役に立たない」というお客様の声を聞き、骨と言われるフレーム部分を改良したものです。自動車に使われる、外からの力を吸収する技術を取り入れ、時速100キロ以上の風にも耐えうる材料を使用しております。これまで通り、ボタン一つで開閉できますし、形状記憶といって、折り畳んだ状態を記憶するように作られているので、折り畳む時間もかかりません。何といっても10年間の保証がつけられるほどの自信の一品です。一生使えると言ってもいい商品です。
この傘がこれまでの傘より優れている点は何ですか。

課題理解 Task-based comprehension　　p.172

1 🎵 N2-31　答え　3

会社で男の課長と部下が話しています。部下はこの後すぐ何をしますか。

男：内田さん、今月の20日から二泊三日の予定で、部長と僕とで広島に出張に行くことになったから、準備を頼みたいんだけど。

女：はい、わかりました。あまり日にちがないですし、飛行機とホテルは早めに予約したほうがいいですね。

男：うん、特に飛行機は席がなくなっちゃうと面倒だからね。ホテルはできればいつもと同じところで。もし、いつものホテルに電話してみて予約がいっぱいだったら、同じくらいの価格のところを3件ほど探して、僕にメールで送って。

女：はい。あ、そういえば前日の19日に大阪で展示会があって、部長が参加なさる予定だったと思うんですが、東京にはお戻りにならず、大阪から広島まで直接いらっしゃるんでしょうか。その場合、部長は課長とは別の移動手段になりますね。

男：あ、それは確認していなかったな。僕が後で聞いておくから、移動手段はそれがわかってからお願いするよ。

女：かしこまりました。

男：うん、じゃあ、まずは予約できるかの確認を頼んだよ。

女：はい。
部下はこの後すぐ何をしますか。

---

2 🎵 N2-32　答え　4

女の人と男の人が話しています。男の人はこれからまず何をしますか。

女：石川くん、今日は引っ越しの手伝いにきてくれてありがとう。引っ越し屋さんが3時に来るから、それまでにいろいろ箱に詰めないと。

男：オッケー。じゃあ、この辺のもの詰めるよ。

女：あっ、そこにある小物は私が確認しながらし

まっていくから、石川くんは本を詰めてもらえる？

男：わかった。この白い箱、使うよ。

女：あ、ごめん。白い箱は大切なもの用って区別しているから、茶色いのを使って。それと、白い箱のものは絶対に壊したくないから、石川くんの車で運んでくれる？

男：もちろん。あれ？ この本棚は壁から外さなくていいの？

女：そうだった。あ、工具、しまっちゃったな。ドライバーとか、どこかにあるはずなんだけど。一緒に探してくれる？

男：そういう道具なら僕の車にも積んであるから、取ってくるよ。ついでに、僕の車で運ぶ箱も持っていっちゃおうか。

女：あ、まだ入れるものがあるかもしれないから、あとで。やっぱり作業している間に工具もどこからか出てくるかもしれないし、茶色い箱のほうを先にお願い。

男：わかった。

男の人はこれからまず何をしますか。

---

3 🎵 N2-33　答え　2

中学校で女の生徒と男の生徒が話しています。男の生徒は今から何をしますか。

女：村田くん！ ちょっと待って！

男：何？ 教室掃除なら、ちゃんとやったよ。俺、もう校庭に行かないと。サッカーの練習があるんだから。

女：サッカーなんてやってる場合じゃないよ。掃除終わったって言ったって、掃除道具、片付けてないじゃない。もっときちんとしてよ。それに、今日も宿題忘れてたよね。

男：数学の宿題？ 野田さんには関係ないでしょ。

女：そうじゃなくて、修学旅行の計画書のこと！ 村田くんの分がないせいで、私たちのグループだけ、先生に提出できてないんだよ。もし、明日も提出しなかったら、うちのグループは修学旅行に行かせないなんて、先生に言われたんだから！

男：大丈夫、大丈夫。明日出せばいいんでしょ。

女：でも、まだ何も書いてないんだよね？ 計画書、私は書くのに2時間もかかったよ。そのつもりで今日は早く帰ってやってよね。それから、先週貸した私のノート、早く返してよ。

男：えーと、どこにしまったかな。家にあるかもしれないなあ。

女：もう！ 見つけたらすぐに返してよね。

男：はいはい。じゃあ俺、ほんともう行かないと！

女：これだけはやってから行ってよ。自分で使ったんだから。

男：うるさいなあ、わかったよ。

男の生徒は今から何をしますか。

---

4 🎵 N2-34　答え　1

女の人と大家さんが話しています。女の人は今月家賃をどうやって払いますか。

女：本日から202号室に入居いたします、マリア・スミスです。よろしくお願いいたします。

男：ああ、スミスさん。よろしくお願いします。日本に来たばかりでわからないことが多いと思うけど、何でも聞いてくださいね。

女：あ、はい。あの、家賃は月末にということなんですが、どのようにお支払いすればよろしいでしょうか。

男：スミスさん、銀行口座はお持ちですか。もし銀行から支払いたいなら、まず銀行へ行って口座を作らなければなりません。口座を作れば、そこから自動的に引き落としという支払い方法にできますよ。

女：ああ、私の国でも、そうやって支払っていました。日本の銀行の口座は会社の事務の人と相談して、来週作るつもりです。

男：来週銀行に行くんですね。それだと自動引き落としの手続きが間に合わないと思うので、今月は現金を直接渡してもらえますか。その際は、私の妻や子どもたちではなく、必ず私に渡すようにしてください。すぐに領収書をお渡ししますので。

女：はい、わかりました。ではそのようにさせて

ください。来月は銀行からで大丈夫だと思います。

男：ああ、そうですか。それだと私も助かります。そうそう、今月25日から29日までは、ちょっと用事があって不在にしますので、お金はその後いただいてもいいですか。でも、私がいない間も家族は家におりますので、何か困ったことがあったら、私の妻に聞いてくださいね。

女：はい、わかりました。ありがとうございます。

女の人は今月家賃をどうやって払いますか。

5 ♪ N2-35　答え　3

駅で男の人と駅員が話しています。男の人はこれからどうしますか。

男：あの、ちょっとお尋ねしますが、南口にはどのように行けばいいのでしょうか。フラワーデパートに行きたくて。

女：フラワーデパートでしたら、あちらの地下通路から直接入店できますよ。

男：ああ、なるほど。でも、南口で友人と会う約束をしているので、まずはそっちに行かないといけないんです。

女：ああ、そうなんですね。南口でしたら、この緑の矢印の方向にまっすぐ進んでいただきますと、ございますよ。

男：あれ、私は今そちらの方向から来たのですが。

女：もしかして、お約束の場所は新南口ではありませんか。ちょっと名前がわかりにくいんですよね。新南口は南口から道を挟んだ向こう側に作られたんですよ。

男：えっと……、あ、新南口でした。

女：そちらでしたら、フラワーデパートの中を通って行くのが簡単ですよ。

男：そうなんですね、全然知りませんでした。ありがとうございます。早速行ってみます。

男の人はこれからどうしますか。

1 ♪ N2-36　答え　4

夫と妻が話しています。夫は禁煙したら自分はどうなると言っていますか。

男：うーん。健康診断で、医者に生活習慣を見直しなさいって言われちゃった。このままじゃ、将来大きい病気にかかりますよって。

女：まあ、私たちももうあまり若くないってことだね。テレビで、一日一万歩以上歩くと寿命が延びるって言ってたよ。週末だけでもやってみない？

男：いいかもしれないね。僕はタバコのせいで肺が弱っているから、そういうちょっとした運動から始めてみようかな。まあ、もちろん禁煙が一番体にいいんだろうけど。

女：それはそうだね。ただ、無理に禁煙するとストレスがたまって、それもよくないよね。

男：僕の同僚なんかは、タバコやめたのはいいんだけど、代わりにお菓子を食べるようになっちゃって、体重が増えたって言ってた。僕はお菓子は食べないけど、代わりにお酒の量が増えちゃうよ。

女：え、今でも毎日1本は缶ビール飲んでるのに？やっぱり今のままで、運動量を増やすのが健康への近道なのかな。

男：うん、ストレス解消にもよさそうだしね。これでストレスが減ったら、自然とお酒やタバコの量も減るかもしれない。

女：まあ、そううまくいくかはわからないけど、まずは始めてみよう。

夫は禁煙したら自分はどうなると言っていますか。

2 ♪ N2-37　答え　3

ラジオで男の人が話しています。男の人が新しい漫画を勧める一番の理由は何ですか。

男：皆さん、人気漫画家、金井先生の新しい作品はもう読まれましたか。僕は先週末読んだんですけど、すっかり夢中になっちゃいました。金井先生の前の作品は、夢のあふれるラブストーリーでしたよね。若い二人が日常に起こ

る小さな事件をユーモアを使って乗り越え、愛を育てる姿に元気をもらった方も多かったのではないでしょうか。今回の話は、100年前の日本を舞台にした少年たちの物語です。特に注目していただきたいのが、物語に歴史的な事実が丁寧に描かれている点です。当時の日本人は、どんな気持ちでその時代を生きていたのか、そんなことを想像させられる物語になっています。前作のような笑える漫画を期待して読み始めると、少しびっくりしてしまうくらい雰囲気は違いますが、ドキドキさせる物語の展開に、先が気になって読むのをやめられなくなるでしょう。

男の人が新しい漫画を勧める一番の理由は何ですか。

3 🎵 N2-38　答え　3

美容院で男の美容師と客が話しています。客はパーマのどのようなことを心配していますか。

男：島村さん、3か月ぶりですね。ご来店ありがとうございます。今日はどんな髪型にしましょうか。

女：前回していただいたスタイルが気に入っていて、今回も同じ感じでお願いしたいと思っているんです。私の髪の毛って、湿気を吸って広がりやすいと思っていたんですけど、この前カットしていただいてからは、それがあまり気にならなくなって。ただ、今回はもう少し短く切っていただけますか。これくらいで。

男：うーん、こういう肩につくかつかないかくらいの長さだと、どうしても髪の毛がはねてしまいやすいので、例えば毛先にパーマをかけるのはいかがでしょうか。

女：パーマって、髪の毛が傷みやすいんじゃないですか？私の髪の毛、もうすでに結構傷んでるので。

男：確かに多少は傷みますが、その後にお手入れをすれば問題ないと思いますよ。簡単なお手入れで大丈夫です。それに、傷みが気になる部分はパーマの前に切ってしまうので。

女：それじゃあ、そのようにお任せします。お手

入れの仕方とかも教えてくださいね。

男：かしこまりました。

客はパーマのどのようなことを心配していますか。

4 🎵 N2-39　答え　2

カフェで男の学生と先輩が話しています。先輩が今の会社に入った一番の理由は何ですか。

男：三崎先輩、今日はお時間いただきありがとうございます。

女：いいよ。就職活動のことで相談って言ってたけど、何かあったの？

男：はい、実は、先日二つの会社から内定をもらいまして、どっちの会社を選んだらいいものか迷っているんです。だから、三崎先輩はどうやって今の会社を選んだのか伺ってみたいなと思ったんです。やっぱり企業の将来性とか、そういう理由ですか。

女：まあ、将来性も大事だけど、うーん。実は私も2社から内定をもらっていて、もう一つ受かっていた会社のほうが、家からも近いし、お給料もよかったんだ。でも、面接官だった人が、ずっと厳しい表情を崩さなかったんだよね。帰りの挨拶の時すら無表情で「絶対私、不合格だ」って思ったくらい。

男：うわあ、それじゃあ入社しても働きにくそうですね。

女：でしょう。それに対して、今の会社の面接官が、特別面白い人だったっていうわけじゃないんだけど、学生の私にも丁寧に対応してくれて、いいなあと思ったんだよね。それで今の会社に決めて、大正解。偶然にも担当することになった取引先が航空会社で、子どものころに憧れていた飛行機に関係する仕事もできて、毎日やりがいがあるよ。

男：なるほど、参考になります。

女：うん。それでも選びきれないなら、お給料や通いやすさとか、そういう条件を比較して選ぶといいんじゃないかなあ。

先輩が今の会社に入った一番の理由は何ですか。

5 ♪ N2-40　答え　3

大学で女の学生がゼミについて話しています。この学生はいつ卒業論文のテーマを決めましたか。

女：こんにちは。社会学部多文化共生ゼミ3年生の大木と申します。私たちのゼミでは、国や民族、宗教の異なる人々がどのようにすれば、よりよく一緒に生きていけるのかということを研究しています。このゼミの特徴は何と言っても、毎年7月に行われる調査旅行です。外国人の多く住む街を訪問し、地域の方々から直接お話を伺っています。私は、昨年の4月にこのゼミに入りました。このゼミでは、2年生の間は、先輩の発表を聞いたり論文をみんなで読んだりして知識を深めていきます。そして3年生の10月に行われる中間発表を目指して、自分の卒業論文のテーマを考えなければなりません。私は、今年の調査旅行で非常に興味深いお話を伺い、その瞬間にテーマが決まりました。そして、先日無事、中間発表を終えました。来年はさらに調査を進めて、卒業論文の執筆をします。多文化共生の意識はこれからますます重要になっていきます。少しでも関心があれば、ぜひ私たちのゼミにいらしてください。

この学生はいつ卒業論文のテーマを決めましたか。

6 ♪ N2-41　答え　1

会社で女の人と男の人が話しています。男の人の娘の趣味は何ですか。

女：関口さん、それバイオリンですか。楽器を弾かれるなんて知りませんでした。

男：この春から始めたんですよ。毎週水曜日の夜、教室に通っているんです。

女：へえ、素敵ですね。なんでバイオリンを？

男：実は、妻と一緒に弾きたくて。ゲームしか趣味がない娘に、何か新しいことでもやらせたいと思ってピアノを買ってやったら、娘はすぐに飽きてしまったのですが、妻のほうがすっかり夢中になってしまって、楽しそうに弾いているんです。もし僕がバイオリンが弾けれ

ば、一緒に演奏できるじゃないですか。

女：ご夫婦で演奏なんて素敵ですね！ それに引きかえ、うちの夫の趣味は写真撮影だから一緒に楽しもうにも、なかなか。

男：でも、根岸さんとご主人、いつも一緒に色々なところにいらしていて、仲良しじゃないですか。この前のフランス旅行のお土産で頂いたお菓子、娘が大変喜んで、「将来フランス語を勉強して、フランスのお菓子職人になる」なんて言っていましたよ。

女：ふふふ、夫にとっては撮影旅行なんですけど、その土地のおいしいものを食べたくって、私も一緒に行くんです。

男：根岸さんのご趣味はお菓子の食べ歩きですからね。

女：そうそう。

男の人の娘の趣味は何ですか。

第9週	4日目

課題理解 Task-based comprehension　　p.174

1 ♪ N2-42　答え　3

大学で男の学生と先輩が話しています。男の学生はこれからまず何をしますか。

男：あ、先輩。就職決まったそうですね。おめでとうございます。

女：うん、なんとかね。ありがとう。

男：僕もそろそろ就職について考えないとって思ってて、何から始めたらいいですか？

女：うーん、そうだなあ。インターンシップに参加してみるのはどう？

男：あ、はい。僕もそうしないとって思ってました。

女：それから、卒業した先輩に話を聞くとか。何人か紹介できるよ。

男：え、ありがとうございます。ぜひ、よろしくお願いします。

女：うん、わかった。それと、自己分析って知ってる？ 自分がどんな人間で、どんな仕事をしたいのかっていうのを考えていくんだけど。

男：へえ、そんなこともするんですね。

女：じゃあ、まずそれからだよ。自分のやりたいことがはっきりしないと、うまくいかないよ。それからいろいろ動いていけばいいと思うよ、まだ時間もあるんだし。

男：そうなんですね。わかりました。

女：あとは、卒業単位もね。せっかく就職決まっても、大学卒業できませんでしたってなったらもったいないもん。そこはちゃんと計算して、取っておくんだよ。

男：あ、はい。それはもちろん、しっかりやっています。

女：うん。じゃあ、まずはさっきのことやってみてね。

男：はい、ありがとうございます。
男の学生はこれからまず何をしますか。

2　♪N2-43　答え　4
アパートの前で大家さんと女の人が話しています。女の人はこの後すぐ何をしますか。

男：あ、こんにちは。引っ越しは終わったのかな？

女：はい、無事に終わりました。お騒がせしてすみませんでした。

男：いえいえ。あ、これからごみを捨てようとしてた？

女：はい。ごみ置き場はこちらでいいんですよね？

男：うん、ここでいいんだけど、それ、全部、一気には出せないよ。収集日が決まってるから。

女：あ、すみません。

男：まず、その段ボールはあさってだね。あ、ごみは収集日の朝8時までに出してね。前の日に出しちゃだめだよ。

女：はい。

男：それから、そのごみ袋に入っているのは何だろう？

女：えーと、プラスチック容器と、あとは紙とかも入ってます。

男：あ、だめだよ。この地域ではプラスチックと紙は分別してるから。ちゃんと分けてね。プラスチックは来週の金曜日、紙は燃えるごみで、段ボールと同じ日に出してね。

女：すみません。あとで部屋に戻ったら、分けておきます。あと、この棚、部屋のサイズに合わなかったので、捨てたいんですが。

男：ああ、そういう大きいものの場合は、ごみ回収センターに電話して予約しないと。予約が取れるのは早くて1週間後ぐらいになるから、今ここで電話しちゃったら？

女：あ、そうなんですね。じゃあ、そうします。

男：うん、できることからやらないとね。

女：はい。ありがとうございます。
女の人はこの後すぐ何をしますか。

3　♪N2-44　答え　3
男の人と女の人が話しています。女の人はこれからまず何をしなければなりませんか。

男：えーと、今日の試験監督のお手伝いをしてくれる太田さん？

女：はい、太田です。よろしくお願いいたします。

男：はい、こちらこそよろしくお願いします。では、早速準備を始めましょう。まず、試験問題と解答用紙が人数分あるか確認しないといけません。

女：はい、わかりました。

男：それと、机の右上に、受験番号のシールを貼ってほしいんです。

女：はい。

男：あとは、試験時間をホワイトボードに大きく書くのと、机に絵や字が書いてないかの確認ですね。もしあったら消しゴムで消してください。

女：わかりました。

男：試験問題と解答用紙の確認は、2回、それぞれ別の人がしないといけないので、僕が先にします。その間に試験時間、書いてもらえますか。それで、たぶんそれはすぐ終わると思うので、そしたら受験番号のシールを貼りながら、絵や字のチェックをお願いします。

女：はい、わかりました。

男：じゃあ、始めましょう。
女の人はこれからまず何をしなければなりませんか。

18

4 ♪N2-45　答え　2

銀行で受付の人と男の人が話しています。男の人はこれからまず何をしなければなりませんか。

女：いらっしゃいませ。本日はどのようなご用件でしょうか。

男：あの、留学している娘にお金を送りたいのですが。

女：かしこまりました。そうしますと、身分証明書が必要になりますが、本日はお持ちでしょうか。

男：はい。運転免許証で大丈夫ですか。

女：はい。そちらは後ほど窓口で確認させていただきます。それから、用紙のご記入はお済みでしょうか。

男：あ、まだです。

女：では、そちらのご記入をお願いいたします。もしご記入の際に、わからないことがございましたら、受付にお声をかけてください。

男：わかりました。

女：あ、お客様、受付番号のカードはお持ちですか。

男：いえ。

女：失礼しました。では、すぐお持ちしますので、こちらへどうぞ。

男の人はこれからまず何をしなければなりませんか。

5 ♪N2-46　答え　2

会社で男の人と女の人が話しています。男の人はこれからまず何をしますか。

男：はあ。ようやく会議、終わったね。

女：うん、お疲れ様。早く片付けて私たちも帰ろう。

男：そうだね。

女：じゃあ、まず机の上のごみを片付けちゃおうか。

男：わかった。

女：それから、他の部屋から持ってきたいすを戻して、最後に掃除機をかけて終わりかな。

男：じゃあ、僕がいすを戻そうか？

女：本当？助かる。でも、結構たくさんあるし、

大変じゃない？誰か手伝ってくれそうな人、呼んだほうがよくない？

男：それもそうだね。

女：じゃあ、私、呼んでくる。

男：うん、お願い。

女：ごみはそのままにしておいて。戻ったらやるから。じゃあ、先に始めてもらってもいい？

男：うん、まかせて。

男の人はこれからまず何をしますか。

ポイント理解 Point comprehension　p.175

1 ♪N2-47　答え　1

保護者会で校長が話しています。校長はどうして宿題をやめると言っていますか。

男：えー、我が校では、来年度より宿題をやめる予定でおります。本日は保護者の皆様にご理解をいただきたく、お集まりいただきました。そもそも宿題の目的とは何でしょうか。勉強の習慣をつけ、学力を向上させるためなのだと思われるでしょう。しかし、宿題が出されたら、宿題を終わらせることが目的になってしまいます。やらないと先生に叱られるからやる、という受け身の姿勢での勉強に何の意味があるのでしょうか。私はそんなことに時間を使うよりも、子どもたちが自分から、興味のあることについて本を読んだり、話を聞いたりして知識を増やしていくことのほうがよっぽど重要だと思うのです。

校長はどうして宿題をやめると言っていますか。

2 ♪N2-48　答え　4

大学の就職セミナーで男の人と女の人が話しています。女の人は面接で一番大切なことは何だと言っていますか。

男：今日は人事部で主に採用のお仕事をされている、三上さんにお話を伺います。本日はよろしくお願いいたします。

女：はい、こちらこそ、よろしくお願いします。

男：では、早速、採用面接について伺いたいのですが、三上さんは、面接の際、どんなところに注目されているのでしょうか。

19

女：そうですね、それはずばり、顔です。顔と言っても、かっこいいとかきれいだとか、そういうことではなく、表情を見ています。

男：なるほど。

女：緊張すると顔が怖くなる人が多いのですが、その中に笑顔で話している方がいると、やはりその方に目が行きますよね。一緒に働くなら、明るい人のほうがいいですし。

男：確かにそうですね。ですが、緊張する場面で笑顔を作るというのもなかなか難しいように思うのですが。

女：そうですね。ですので、面接で最も重要なのは準備だ、と私は思います。「面接は準備が8割」と言ってもいいでしょう。聞き方は違っても、面接で聞かれることは、その企業のことと、ご自身のことをどれだけ理解しているのか、ということがほとんどです。このことについてよく考え、準備をしっかりしておけば、面接での緊張も軽くすることができ、自然と笑顔にもなれると思います。

男：なるほど。三上さん、ありがとうございました。学生の皆さんもぜひ、参考にしてみてください。

女の人は面接で一番大切なことは何だと言っていますか。

3 🎵 N2-49　答え　3

娘と父親が話しています。娘はどうして塾へ行きたいと言っていますか。

女：ねえ、お父さん、お願いがあるんだけど。

男：どうした？ 何かほしいものでもあるの？

女：ううん。実は、塾に行きたいって思ってるんだけど。

男：え？ 塾？ 学校の授業が難しくてついていけないのか？

女：いや、そんなことないよ。この前、成績表見せたでしょ。頑張って上位を維持してるよ。

男：まあ、そうだよな。頑張ってるのはわかってる。じゃあ、逆に学校の授業が簡単すぎてつまらないとか？

女：ううん、そんなこと思ったことない。

男：え、じゃあどうして？

女：私が一番行きたい大学、入学試験がちょっと他の大学とは違った形式なんだ。それで、その対策コースがあるって聞いたから。

男：ああ、そうなんだ。友達が通ってるから行きたい、とかだったらどうしようかと思ったけど、そういうちゃんとした目的があるなら、もちろんいいよ。

女：やった！ ありがとう。私、頑張るね。

娘はどうして塾へ行きたいと言っていますか。

4 🎵 N2-50　答え　4

講演会で女の人が話しています。女の人はお金を貯めるために何が最も大切だと言っていますか。

女：本日は、お金を貯めるコツについてお話しします。人は、もらったお金はすべて残さず使う性質がありますので、「余ったら貯金しよう」という考えではお金は貯まりません。ですので、まずは、目標金額を決めてください。1年で50万円とか、だいたいの金額で大丈夫です。そこから、毎月いくら貯金するかを計算し、残りのお金で生活費を出すのです。余ったら貯金ではなく、貯金の余りで生活をするという逆転の発想が必要です。ですが、それ以上に大切なことがあります。それは「貯める楽しみ」を持つことです。お金が貯まったら、旅行に行きたいとか、新しいパソコンを買いたいとか、小さい目標を持つことも貯める楽しみになります。お金を貯めるのを楽しむことが一番のコツなのです。

女の人はお金を貯めるために何が最も大切だと言っていますか。

5 🎵 N2-51　答え　2

水族館で男の人と女の人が話しています。男の人はラッコが手を繋いでいる理由は何だと言っていますか。

男：ねえ、見て見て。あのラッコ、手を繋いでるよ。

女：あ、本当だ。かわいい。でも、なんで手繋いでるんだろう。もしかして、あの2匹は夫婦で、他のラッコに「私たちのこと、邪魔しないで」って伝えてるとか。

男：あー、なんかね、本来ラッコって海で寝る時、遠くに流されないように海藻につかまる習慣があるんだって。でも水族館だとつかまるものがないから、代わりに他のラッコの手をつかむんだって。それが手を繋いでいるように見えるってわけ。

女：へー。なんだ、相手のことが大好きだから、とかじゃないんだ。

男：うん、そうみたい。僕は最初、お客さんを喜ばせるために訓練されたのかと思ってたよ。

女：あはは。なんか夢がないなー、その発想。

男の人はラッコが手を繋いでいる理由は何だと言っていますか。

6　♪ N2-52　答え　2

会社で女の人と男の人がパーティーについて話しています。女の人は誰に乾杯の挨拶をお願いすると言っていますか。

女：先輩、今度の創立記念パーティーですが、乾杯の挨拶はどなたがいいと思いますか。

男：え、前川社長がするんじゃないの？

女：それが、社長が、どうせ自分はあとでスピーチするから乾杯は他の人にっておっしゃってるんです。

男：ああ、なるほどね。でもそうなると、誰だろう。やっぱり倉田部長かな。

女：はい、私もそう思って、先ほど部長にも相談してみたんですが、部長は当日、司会をするそうで、司会もして乾杯もって変だろうって。

男：うーん。部長が一番いいと思うんだけどな。

女：はい、私もそう思います。

男：じゃあ、司会を他の人にして、乾杯は部長にお願いするのはどうかな。

女：あ、いいですね、そうします。司会は……、どなたかいらっしゃいますか。

男：そうだな。佐々木さんはどう？　この前の全

社会議で司会してたけど、落ち着いてたし、いいと思うよ。それか社長の秘書の河合さん。何度もこういうことしてて、慣れてると思うよ。

女：ああ、そうですね。でも、河合さんは確か当日は受付責任者だったはずなので、司会は佐々木さんにお願いしましょうか。

男：うん、それがいいと思う。

女の人は誰に乾杯の挨拶をお願いすると言っていますか。

課題理解 Task-based comprehension　　p.176

1　♪ N2-53　答え　3

部長と女の社員が話しています。女の社員はこれからまず何をしますか。

男：新川さん、来週の京都への出張なんだけど、新幹線の予約、もう済んでる？

女：はい。午前9時東京駅発で予約してあります。

男：ありがとう。

女：それからホテルも京都駅の近くに予約してあります。

男：そのことなんだけどね、今回は工場の見学と取引先の社長との会食だけだから、午後8時には終わると思うんだよね。悪いんだけど、ホテルをキャンセルしてもらえるかな？

女：キャンセルですか。

男：うん、最初は一泊できたほうが楽だと思ったんだけど、次の日も午後からこっちで会議があるし、夜遅くなっても戻ってきたほうがいいかなって。こっちに戻ってくる新幹線のチケットが変更できたらいいんだけど。できなければ元のスケジュールのままでいいよ。

女：わかりました、すぐに確認します。会食後、京都駅までのお車を予約したほうがよろしいでしょうか。

男：あっ、ごめん。まだ伝えてなかったね。会食場所は京都駅のすぐ前に変わったから、それは必要ないんだ。

女：わかりました。

女の社員はこれからまず何をしますか。

[2] ♪ N2-54　答え　3

家で夫と妻が話しています。夫はこの後まず何をしますか。

男：あ、もう大掃除始めてるの？

女：うん、午前中には終わらせて、午後はお正月の飾りとか料理の材料とか買いにデパートに行きたいから。

男：そっか。僕は何をすればいい？

女：えーと、風呂場とかトイレとか水回りをやってほしいな。鏡とか窓とか隅から隅までお願い。

男：わかった。

女：あっ、風呂場用の洗剤が切れそうだから、始める前に買ってきてくれる？

男：うん。車のガソリンもなくなってきたから、先にそっちに行って帰りに買ってくるよ。

女：あ、それは大丈夫。午後に買い物に行くついでに、入れてくるから。デパートでガソリンの割引券がもらえるんだ。

男：わかった。

女：じゃ、早速お願い。

夫はこの後まず何をしますか。

[3] ♪ N2-55　答え　4

中学校で先生と女の生徒が話しています。女の生徒は作文をコンクールに出すためにどうしますか。

男：原さん、昨日再提出してもらった読書感想文のことで話があるんだけど、ちょっといいかな。

女：あ、先生。今回は丁寧な字で書いたつもりだったんですが、やっぱり書き直しでしょうか。

男：今回は大丈夫。でも、相手が読みやすい字を書くよう、これからも注意してね。

女：じゃ、内容に問題が？

男：いや、とてもよかったよ。物語の舞台を訪ねた夏休みの旅行について書いているのが特に。それで、せっかくだから、中学生の作文コンクールに出してみたらいいんじゃないかと

思って。

女：え、私の作文を？

男：うん。自信を持って大丈夫。ただ、コンクールの作品は、2000字までということになっていて、原さんの作品は1000字ほど長すぎるんだよね。だから読書感想文ではなくて旅行記として書き直して出してみたら、原さんの力強い描写を十分に見せられるんじゃないかと思ったんだけど、どうだろう。

女：先生がそう言ってくださるなら、やってみたいです。

男：よかった。僕としては、さっき言った部分こそが原さんの作文のよさだと思うから、ぜひその魅力をもっと工夫して引き出してほしいと思う。来週の金曜日までに、また提出してくれるかな。

女：はい、そのように頑張ってみます。

女の生徒は作文をコンクールに出すためにどうしますか。

[4] ♪ N2-56　答え　4

女の人と男の人が話しています。女の人はこれからまず何をしますか。

女：ねえ、スマホで映画のチケットが予約できるようになったの知ってた？

男：え、今さらだよ。もちろん知ってるよ。チケット買うのに並ぶのが嫌だから、僕はいつもそれで予約してるよ。

女：どうやるの？教えて。

男：うん、まずアプリをダウンロードして。

女：ああ、それはもうやってある。それからどうしたらいいの？

男：えっと、じゃあ、会員登録も済ませた？アプリを開くと、新規会員登録ってところあるでしょう？そこに名前とか入力していけばいいんだけど。

女：わかった。やってみる。

男：あ、最後にクレジットカードの番号が必要だよ。支払い、クレジットカードでしかできないから。

女：え、クレジットカード要るの？

男：うん。それがないと登録できないよ。

女：えー、持ってないよー。てっきりスマホで予約だけして、映画館で現金で払うのかと思ってた。

男：じゃあ、まずそれを用意することだね。あったらあったで便利だよ。これを機に作りなよ。

女：うーん。そうかな。じゃ、そうするか。

女の人はこれからまず何をしますか。

5 ♪N2-57　答え　3

店で女の客と店員が話しています。女の客はこれからまず何をしますか。

女：すみません、コンタクトレンズを買いたいんですが。

男：コンタクトを買うのは初めてでしょうか。

女：いえ、以前もこちらで。

男：そうでしたか。いつもありがとうございます。メーカーは前回と同じものでよろしいでしょうか。

女：はい。

男：かしこまりました。では、まず、検査室で目の状態を確認します。あ、今コンタクトをつけていらっしゃいますか。

女：はい。

男：でしたら、まず、それを取っていただけますか。検査の後で新しいものを差し上げますので。

女：あ、わかりました。

男：あちらに石けんがありますので、手をよく洗ってから取ってください。使用済みのものはごみ箱へ捨てて、そちらのいすでお待ちください。お名前をお呼びいたしますので、そうしたら、検査室のほうにお願いします。

女：はい。わかりました。

女の客はこれからまず何をしますか。

1 ♪N2-58　答え　4

レストランの店長と女の店員が話しています。店長は何を変えることにしましたか。

男：永井さん、ちょっとこれ見て。うちの店の評価なんだけど、たまたまネットで見つけちゃったんだ。

女：どれどれ。えっと、「料理がおいしい」「店員のサービスがいい」。おお！ ほめていただけてますね。

男：そうなんだけど、もっとよく見てよ、下のほう。

女：「料理はおいしいが量が少ない」「値段が高め」「店内でかかっている音楽のセンスがよくない」。えー！ これはショックですね。

男：なんだか悲しくなってきちゃったよ。これでもギリギリの値段設定でお客様に料理をお出ししているのに。料理の量を増やしたら、今よりもっと高くしなきゃいけなくなるし、料理の材料を変えたら味が落ちちゃうし、困ったな。

女：私は店長の料理が好きですよ。お客様だって店長の料理が食べたくて来てくださっています。ですから、量と値段に関しては、今のままでもいいと思いますよ。それより、すぐに変えられることがあるじゃないですか。

男：そうだね。じゃあ、センスが問われるけど、変えてみようか。

店長は何を変えることにしましたか。

2 ♪N2-59　答え　4

会社の昼休みに男の人と女の人が話しています。女の人が部屋を選ぶ時に一番重視することは何ですか。

男：松本さん、引っ越しを考えてるんだって？ いいところ見つかった？

女：今、いろいろと部屋を見ているところ。給料を考えると、なかなか希望通りのところが見つからなくて困ってて。

男：確かに、家賃は給料の3分の1以下のところを選ぶのがいいとはよく聞くよね。

女：でも、ちょっと予算がオーバーしたとしても、部屋の作りは私にとって外せないんだよね。

男：へえ、例えば？

女：お風呂とトイレは別。これは絶対ね。で、できればカウンターキッチンがあること。部屋の数は多くなくていいけど、寝室の他にもう1つ部屋があれば最高だな。

男：それはこの辺じゃ、無理だね。僕は絶対会社からの距離だな。朝が弱くてさ。30分前に起きても間に合うところが理想。

女：田中さん、いつもぎりぎりだもんね。

女の人が部屋を選ぶ時に一番重視することは何ですか。

---

3 ♪ N2-60　答え　3

テレビでアナウンサーと女の歌手が話しています。女の歌手は新しい曲の歌詞をいつ思いつきましたか。

男：今日はスタジオに歌手のモモコさんをお迎えしています。モモコさんは大学在学中に最初の曲を発表され、今年でデビューから20年になります。私はモモコさんの歌詞が大好きなのですが、いつもどのように書いていらっしゃるのでしょうか。

女：そうですね、歌詞を書くのはだいたい自分の家です。日常的なことをしている瞬間に思いつくんです。例えば、この番組で使っていただいている「おはよう」という曲は、家で料理をしている時に思いつきました。

男：そうだったんですね。

女：あとは、中学生の時から書き続けている日記がヒントになることもあります。日記を書いた当時の気持ちを、40歳の今の視点で解釈して歌詞にするんです。最近発表した新しい曲の「いつでも」の歌詞は、高校時代の日記を読み返している時に思いついて書きました。

男：なるほど。日記ですか。ところで昨年、息子さんが生まれたと伺いましたが、お母さんになって何か変わったことはありますか。

女：はい、これまで、主に私くらいの年齢の人たちに向けた歌詞を書いてきましたが、これか

らは若い人たちに向けたメッセージを込めたものを書いてみたいと思うようになりました。

男：これからのモモコさんのご活躍が、ますます楽しみになりますね。

女の歌手は新しい曲の歌詞をいつ思いつきましたか。

---

4 ♪ N2-61　答え　1

会社で男の人と女の人が話しています。男の人がスポーツジムに通いたい理由は何ですか。

男：あ、上野さん、最近スポーツジムに行き始めたんだって？

女：うん。先月、入会したんだ。

男：そうなんだ。僕、社会人のサッカーチームに入ってたんだけど、やめちゃって最近運動してないんだ。それで僕もジムに通おうかと思ってて。

女：へー。いいんじゃない？　私は最初の3か月の料金が半額になるっていうサービスがあったから始めたんだ。

男：そうなんだ。なんかうちの会社、最近ジムに入会する人多くない？　夏に向けたダイエットのためかな。

女：それもあると思うけど、やっぱり運動すると気持ちいいし、気分も変えられるからじゃない？　私たち、仕事中はずっと座りっぱなしだし。

男：そうかもね。

男の人がスポーツジムに通いたい理由は何ですか。

---

5 ♪ N2-62　答え　2

テレビで女のレポーターが話しています。この新しいデパートはどんな人を対象に作られましたか。

女：今日、私は先月オープンしたばかりのデパートに来ています。ここには3年前まで、歴史のある有名なデパートがあり、40代以降の方に人気がありました。ただ、街の再開発が進むにしたがって、街にやってくるのが若い人中心になったため、主に伝統的な高級品をそろえたこれまでのデパートでは経営が難しくなっていました。そこで、新たに街に集まっ

てきた層をお客様として呼び込もうと、経営陣は、日本の伝統へのこだわりはそのままに、現代風でおしゃれなデザインの、生活に取り入れやすい商品をそろえた新しいデパートを作りました。高級品ばかりでなく、手ごろな価格の商品も用意することで、たくさんの人々を集めています。来店するお客様にとっては、日本の伝統工芸の魅力を再発見するきっかけになっているようです。これからは、近年増加している外国人観光客の方たちにも、お土産を買う場所として選んでもらいたいと考え、デパートの経営チームは外国語対応の準備を進めています。

この新しいデパートはどんな人を対象に作られましたか。

6 🎵 N2-63 答え 2
ラジオで男の人が話しています。男の人が料理をするようになったのはどうしてですか。

男：昔から食べることには興味があったんです。でも仕事に追われてコンビニのお弁当ばかり食べていました。お金もかかるし、健康を考えたら自分で作ったほうがいいのはわかっていたんです。でも、なかなか……。そんな時、勤務スタイルが変わって家で仕事をするようになりました。通勤時間がなくなった分、時間に余裕ができました。それで、簡単な料理をするようになって、それからしばらくして、たまたま家に遊びに来た友人が私の料理の写真をSNSに出したんです。それが話題になって、出版社の方から連絡を頂いて、今回、料理本を出版することになりました。料理の経験がない人でも簡単に作れる内容になっていますので、ぜひ手に取ってみてください。

男の人が料理をするようになったのはどうしてですか。

概要理解 Summary comprehension　　　p.178

1 🎵 N2-64 答え 4
大学の卒業式で卒業する学生がスピーチをしています。

男：一番大事なことは絶対にあきらめないことです。実は、私は会社が決まるまで50社以上落ちているんです。一次試験、二次試験と合格はしたものの、なかなか最終の面接で結果が出せずにいました。周りの友人たちは次々と就職先が決まって、私は気持ちばかりが焦っていきました。希望する仕事を変えたほうがいいのか、面接ではどうすることが重要なのかなど、悩みながらも、履歴書を書いては送りました。そして、やっと私を認めてくれる会社に出会えたのです。皆さんの中にも就職活動で苦しんでいる人がいると思います。しかし、まだ50社以上落ちた人はいないと思います。皆さんはまだまだ挑戦できるはずです。あきらめないで頑張ってください！

学生は何について話していますか。

1 就職先の仕事内容
2 仕事の選び方
3 面接での注意点
4 就職活動の経験

2 🎵 N2-65 答え 4
会社の社内報のインタビューに女の人が答えています。

女：部長の第一印象は「仕事ができて、かっこいい」でした。海外での経験も実績もあって、私とは人違い。だから、少し近寄りがたいと感じていました。でも、たまたま彼女のチームで働くことになり、仕事以外の話をするようになってからは、なんて素直でかわいらしい人なのだろうと思うようになりました。仕事となると厳しい一面もありますが、それは責任感が強いからなのだと思います。相手の立場になって考えることができる思いやりのある部長のもとで働けて光栄です。私もそう

なれるように頑張ります。

女の人は部長についてどう思っていますか。

1 かっこよくて、仕事が大好きな人
2 おしゃべりが好きで、かわいらしい人
3 仕事に厳しく、近寄りがたい人
4 素直で、人の気持ちが考えられる人

[3] ♪N2-66　答え　2

デパートで女の人がアナウンスをしています。

女：お買い物中のお客様にお知らせいたします。北館最上階イベントフロアにおきまして、北海道物産展を開催しております。物産展では北海道の有名な食べ物を取り揃え、販売をしております。最終日の本日は午後6時までの入場となっております。誠に恐れ入りますが、こちらの入場には入場券が必要です。入場券は1階総合受付でお渡ししておりますが、数に限りがございますので、ご希望の方はお早めに入場券をお取りくださいますようお願い申し上げます。なお、南館エレベーターは最上階には停まりませんので、北館エレベーターをご利用くださいますよう併せてお願い申し上げます。

女の人は何についてアナウンスをしていますか。

1 北海道の食べ物の紹介
2 物産展への入場の注意事項
3 入場券の申し込み方法
4 エレベーターの停止階

[4] ♪N2-67　答え　3

講演会で会社の社長が話しています。

男：私は昔から一人でいることが好きでした。もちろん家族や友人は大事な存在です。しかし、何か大事なことを決める時は、必ず一人で考えるようにしてきました。私は気が弱いので人の意見に左右されやすいのです。また、うまくいかなかった時はアドバイスをくれた人のせいにしたくなるダメな人間です。私はそのことをわかっているので、できるだけ、自分で決めるようにしてきました。時々、家族や友人からは成功してから周りに相談できる人がいなくなったのではないか、孤独になったのではないかと心配されますが、成功したから孤独になったのではなく、孤独を選んできたから成功できたのだと思っています。

社長は何について話していますか。

1 家庭と仕事のバランスの取り方
2 失敗から学んだこと
3 決断の仕方とその理由
4 相談相手の選び方

[5] ♪N2-68　答え　3

テレビで料理研究家が話しています。

男：こちらを見てください。春の食材といえば、やはりたけのこではないでしょうか。おいしそうでしょう。たけのこは煮て調理をする人が多いせいか、盛り付けた時の見た目が地味になってしまうという声をよく聞きます。しかし、このように色の濃いお皿の上に、色鮮やかな野菜と並べて盛り付けるとどうですか？それぞれの色が強調されておいしそうに見えるでしょう？盛り付ける時に注意してほしいのはお皿の大きさです。少し大きめのお皿の中央に少なめに盛り付けることで、普通のたけのこ料理が上品に見えます。調理をする時は野菜の大きさをそろえることも、忘れないでください。

料理研究家は何について話していますか。

1 料理の味付け方法
2 食材の選び方
3 料理の見た目をよくする方法
4 栄養のバランスを考えた料理

第10週　2日目

概要理解 Summary comprehension　　　p.179

[1] ♪N2-69　答え　2

ラジオで区役所の職員が話しています。

女：若林区からのお知らせです。若林区ではこれからお父さん、お母さんになる方を対象に、来月から6か月間にわたって「パパ・ママ教

室」を開催いたします。初めての妊娠で、喜びとともに不安を感じている方もいらっしゃるかもしれません。体の変化や感情との向き合い方や、いろいろ不安に思っていることについて、仲間と一緒に学んでみませんか。カップルでの参加、お一人での参加はもちろん、おじい様やおばあ様との参加も大歓迎です。また、お友達がご一緒されてもかまいません。一人で悩まず、お気軽にぜひお申し込みください。

区役所の職員は何について知らせていますか。
1　出産した方を対象にした教室
2　これから親になる方を対象にした教室
3　子育てに悩んでいる方を対象にした教室
4　今月出産予定の方を対象にした教室

2　♪ N2-70　答え　1

専門学校で校長が学校説明会に来た学生に話しています。

男：本日は説明会にご参加いただき、ありがとうございます。これから各学科の先生が学科について説明をしますが、説明に先立ちまして、私から少しお話をさせていただきます。ここにいる学生さんは少なからず当校に興味をお持ちだと思います。しかし、残念なことに入学して間もなくすると授業を欠席したり、居眠りをしたりする学生が見られるようになります。そのような学生に話を聞くと、授業が面白くないなどと、授業のせいにすることがあります。しかし、私はそういう学生は、最初に何を勉強したいのか、はっきりとした考えを持たずに入学していることが原因だと思っています。入学を考える皆さんには、将来何をしたいか考え、そのために必要なことがこの学校で得られるのか考えながら先生の話を聞いてほしいと思います。

校長は何について話していますか。
1　説明を聞く時の注意点
2　この学校の学生の特徴
3　この学校で学べること

4　今日の説明会の流れ

3　♪ N2-71　答え　4

化粧品会社の会議で女の人が話しています。

女：先月、働く女性を対象に「平日と休日の口紅の色」に関するアンケート調査を行ったんですが、平日の働いている時間は、自分の肌に合う目立たない色を選ぶ傾向にあるようです。また、休日は出かける用事がない限りつけないという結果でした。憧れる口紅の色としては、セクシーなイメージを持つとして「赤」と答える人が多かったですが、「日常的に使用したいか」という質問に対する回答としては「いいえ」が多数でした。ですので、使用の割合を考えると、新商品は普段使うことを意識したものにしたいと思います。

女の人は何について話していますか。
1　女性の気分と口紅の色の関係
2　新商品の口紅を使った女性の感想
3　売れ行きが好調な口紅の色の傾向
4　新商品の開発のための市場調査結果

4　♪ N2-72　答え　3

ラジオで男の人が話しています。

男：納豆は日本人にとって安くておいしいものですが、外国人からすると臭いが強く食べにくいものでもあります。しかし、最近この納豆に海外から注目が集まっています。と言いますのも、納豆がいかに優れた食べ物かがわかってきたからです。納豆はご存じの通り、大豆から作られ、その成分は主にたんぱく質で、筋肉や血液など体をつくるうえで欠かせないものです。さらに、同じ量の牛肉と比べてみると、納豆には同じぐらいのたんぱく質が含まれているそうです。しかも、納豆という形になると、より体に吸収されやすいという特徴を持つのです。最近では高血圧をはじめ、心臓病や糖尿病など様々な病気の改善にも効果があると注目されています。

男の人は主に何について話していますか。

1 納豆のおいしい食べ方
2 納豆と牛肉の相違点
3 納豆に含まれる栄養
4 納豆で予防できる病気

5 🎵 N2-73　答え　3
料理教室で料理の先生が話しています。

男：今日は、日本料理を作る時に覚えておくと便利な「料理のさしすせそ」について、お話しします。「さしすせそ」は調味料のことで、「さ」は「砂糖」、「し」は「塩」。「す」はもちろん「酢」。そして「せ」は「醤油」。これは古い日本語で「せう」と書いて「しょう」と読んだからです。そして最後は「そ」。これは「味噌」の「そ」です。この順で調味料を入れると、おいしくできます。なぜかというと、塩は食材の中に入りやすいので、塩を先に入れると、砂糖が入る隙間がなくなって、砂糖の味が付きにくくなるからです。だから砂糖を先に入れたほうがいいんです。そして、酢は長い時間熱を加えると、酸味がなくなってしまうし、醤油や味噌も香りや味が飛んでしまうので、できるちょっと前に入れたほうがいいんです。これを覚えておくと、上手に作ることができます。では早速、今日の料理を作りましょう。

料理の先生は何について話していますか。
1 日本の調味料の種類と味
2 日本に古くからある調味料
3 調味料を入れる順番とその理由
4 今日の料理に使う調味料

第10週　3日目

概要理解 Summary comprehension　　　p.180

1 🎵 N2-74　答え　4
小学校の先生が話しています。

女：教育関連の雑誌を読んでいると、楽しい授業の作り方というような記事をしばしば目にします。それによると、授業の内容を使ったゲームをしたり、ビデオを見せたりすることで、子どもたちの授業への満足度が上がるというのです。そして、そのような楽しい活動は、たいてい授業の最後に行われます。でも、私はこの方法に疑問があります。これだと、子どもたちは授業のあと、「ああ、楽しかった」という感想を抱くばかりで、そこで考えるのをやめてしまうのではないでしょうか。むしろ「もっと知りたい」という一種の不満足感を持たせることで、子どもたちのその科目に対する関心をより高めることができると私は思うのです。だから、もしゲームやビデオを活用するのならば、楽しいばかりで終わらないように、そこから感じた疑問を話し合う時間をもつなどして、子どもたちが自分からもっと知りたいと思うような工夫をするべきだと思うのです。

先生が言いたいことは何ですか。
1 授業では、楽しい活動をする必要はない。
2 授業では、子ども自身に活動を選ばせるべきだ。
3 授業では、最後に楽しい活動をして子どもを満足させるとよい。
4 授業では、子どもが自ら学びたいと思うような工夫をするべきだ。

2 🎵 N2-75　答え　1
テレビで政治家が話しています。

女：日本の企業の生産性は欧米の企業に比べて低いと言われています。つまり、働いている時間ばかり長くて、生み出している利益は少ないということです。この状況を改善するためには、社会全体として働き方を改善する必要があると思っています。日本の企業では、遅くまで残って仕事をしたり、週末まで仕事をしたりするような人を評価する傾向がありますが、これは大きな間違いです。仕事の時間とそれ以外の時間をきちんと分け、休暇もしっかりと取る。その中で結果を出す人にこそ高い評価を与えられるようになれば、生産性は大きく上がるでしょう。また、仕事してい

る人たちが、家族と過ごす時間をもっと持てれば、子育てもしやすくなり、少子高齢化問題の対策にもなると考えられます。国として、長時間労働削減への取り組みを強化し、生産性の高い企業を評価できる制度を作るなどして、状況を変えていきたいと考えています。

政治家は何について話していますか。

1　働き方を見直す必要性
2　欧米の子育てのしやすい社会
3　少子高齢化社会の問題点
4　自分にとって理想的な働き方

---

3 ♪ N2-76　答え　2

インタビューで大学生が話しています。

男：私が受験勉強している時に、一番難しかったのは集中できる環境を探すことです。図書館に行って勉強すると集中できるという人も多いのですが、私に関して言えば、図書館は静かすぎて集中できないんです。その点、カフェは悪くないのですが、コーヒー一杯で何時間もいるのは申し訳ないし、毎日行ったらお金もかかるのでやめました。結局は、家でジャズやクラシックを聞きながら勉強するのが、私にとっては一番いいということに気がつきました。友達の中には、ラジオを聞きながら勉強していたという人もいます。でも、私は言葉が聞こえると内容が気になってしまって勉強できません。適切な勉強法は人によって違うんだなということを改めて感じましたね。

大学生は何について話していますか。

1　勉強中にラジオを聞くことの効果
2　自分にとって最適な勉強の環境
3　集中して勉強することの大切さ
4　どんな人でも勉強に集中できる方法

---

4 ♪ N2-77　答え　3

ラジオで男の人が話しています。

男：あなたは一日に何回くらい「ありがとう」と言っていますか。ある調査によると、「ありがとう」とたくさん言う人ほど、幸せを感じ

られるのだそうです。だからあなたも、ちょっと無理をしてでも「ありがとう」と言うようにしてみてください。きっと幸せになれます。もちろん、これは「ありがとう」という言葉に不思議な力があるというような非現実的な話ではありません。意識して「ありがとう」と言うようにすると、日々の生活で感謝できることを見つける能力が高くなるのです。そうすると、自分には感謝できることがたくさんある、なんて恵まれているんだろうと実感し、幸せになれるのだそうです。それに、「ありがとう」と言われたほうも幸せになりますよね。ぜひ試してみてください。

男の人が言いたいことは何ですか。

1　「ありがとう」という言葉には不思議な力がある。
2　「ありがとう」と言う人が増えると、平和になる。
3　意識して感謝するようにすると、幸せにつながる。
4　幸せな人はもっと周りの人に感謝したほうがいい。

---

5 ♪ N2-78　答え　4

テレビで専門家が話しています。

男：空気中のＣＯ２、すなわち二酸化炭素は地球温暖化を悪化させます。現在世界中の国々が二酸化炭素の量を減らすための対策を立てていますが、なかなかうまくいっていないのが現状です。二酸化炭素は車を使ったり工業製品を作ったり、牛や豚などを育てたりといろいろな原因で発生します。そんな中、排出された二酸化炭素を活用する新たな技術が開発され始めています。二酸化炭素をリサイクルするのです。例えば、ある会社は二酸化炭素を使ってコンクリートを作る技術を生み出しました。まだ実用化には至っていないのですが、もしこれが実用化されれば二酸化炭素の削減に貢献できるでしょう。

専門家は何について話していますか。

1 二酸化炭素を出す量が少ない生活スタイル

2 二酸化炭素を減らすための国際的な取り組み

3 二酸化炭素を出さない未来の生活

4 二酸化炭素を有効利用する計画

第10週　4日目

概要理解 Summary comprehension　p.181

1 ♪ N2-79　答え　4

ラジオで専門家が話しています。

女：この番組をお聞きの皆さんの中にも、運動不足が原因で体調が優れない、という方がいらっしゃるのではないでしょうか。しかし、どんな運動をしたらいいのかわからない、また、毎日続けられるか心配だ、と言って、結局何もせずに運動不足が解消できていない人も多くいます。私は、そんな方に、散歩をお勧めしています。散歩は特別な準備もいりませんし、体への負担も少なく、気軽に始められて、気楽に続けられます。1日に30分くらい歩くといいでしょう。ですが、天気が悪い、ちょっと今日は気分が乗らない、といった時は無理はしなくても大丈夫です。まずは、始めるということが大切です。ぜひ、無理せず、自分のペースで続けてみてください。皆さんの生活の一部にしていただければ、体調もよくなってくると思います。

専門家は何について話していますか。

1 運動不足による体への影響

2 運動不足の人が増えている原因

3 運動不足になる人の特徴

4 運動不足を解消する方法

2 ♪ N2-80　答え　2

大学の授業で先生が話しています。

男：皆さん、今学期も終わりに近づいてきました。そこで、そろそろ、学期末の課題についてお知らせしようと思います。まず、初回の授業でも言った通り、この授業では、テストはありません。その代わり、レポートを提出してもらいます。レポートのテーマは、今学期に授業で扱ったことの中から1つ選んでください。何でもいいです。ただし、2000字以上は書いてください。長いのは結構ですが、それより短いと評価は下がりますからね。あとは、楽しかったとか、面白かったといった感想文はだめです。レポートですから、しっかりと自分の意見を書きましょう。来月末までにメールで提出してください。当たり前ですが、期限は必ず守ること。それでは、皆さんのレポート、楽しみにしていますね。

先生は何について話していますか。

1 テストを行わない理由

2 レポートについての注意点

3 今学期の授業内容の反省点

4 感想文の書き方

3 ♪ N2-81　答え　3

テレビで専門家が話しています。

女：あくびをしている人を見ると、集中力がないように感じますよね。ですから、授業中や会議中にあくびが出そうな時は、必死にこらえる人が多いのではないでしょうか。しかし、あくびには、大きく口を開けて、たくさんの空気を吸い込むことで、脳の活動を活性化させるという効果があるのです。また、深呼吸と同じように、あくびをすることで心も体もリラックスすることができます。あくびは我慢せずに、したい時にしたほうがいいのです。先生や上司の方も、あくびをしている人を見ても、どうか、怒ったりしないであげてください。あくびの後に、きっとすばらしいアイディアが出てくるはずですから。

専門家は何について話していますか。

1 あくびをする人の印象

2 あくびを我慢する方法

3 あくびをすることの効果

4 あくびをする人の心理状態

4 ♪ N2-82　答え　**4**

大学の入学式で学長が話しています。

女：新入生の皆さん、ご入学おめでとうございます。本学の桜も満開を迎え、皆さんの新たなスタートをお祝いしているかのようです。さて、今日から大学生としての生活が始まるわけですが、ここで今一度、なぜ大学に通うのか、大学に行く意味を考えてみてください。いい会社に就職するためだ、という時代もありましたが、最近では学歴の価値が低下していると言われています。今は学歴よりも、その人に何ができるのかが重要になっている時代です。皆さんは大変な努力をして入学試験に合格し、今ここにいらっしゃるのだと思います。せっかく努力してここにいるのですから、大学を卒業する時に、自分は何ができるようになっていたいのか目標を定め、できることを確実に増やしながら、大学生活を送っていただきたいと思います。

学長は新入生にどんな大学生活を送ってほしいと考えていますか。

1　受験で苦労した分、これからはできるだけ楽しんでほしい。

2　いい会社に就職するために、これからも努力を続けてほしい。

3　今できることを、これからの4年間もしっかり続けていってほしい。

4　大学へ行く目的を明確にし、できることを増やしていってほしい。

5 ♪ N2-83　答え　**2**

テレビでレポーターが話しています。

男：最近、ネット依存症の人が増えています。ネット依存症とは、インターネットにつながっていない状態にとても大きな不安を感じ、スマホやパソコンから目が離せなくなり、日常生活が送れなくなるという病気です。特に若者の間で深刻な問題となっており、ある調査では、日本国内では中学生と高校生、合わせて約50万人以上がネット依存症であると発表されています。日本だけでなく、世界的にも増えているそうです。その治療法に注目が集まっていますが、残念ながら日本では、ネット依存症の治療に取り組んでいる機関はまだ少なく、今後このようなところが増えていくことに期待したいです。

レポーターは何について話していますか。

1　ネット依存症の原因

2　ネット依存症の現状

3　ネット依存症の具体的な治療法

4　ネット依存症に取り組む機関の様子

1 ♪ N2-84　答え　**3**

日本語学校の卒業式で先生が話しています。

女：最後に皆さんに伝えたいことがあります。それは、「言葉は武器だ」ということです。武器と言っても人を傷つけるためのものではなく、自分自身を守るためのものです。これまで文化の違いもあり、言いたいことがうまく伝えられず、誤解をされ、説明することすらできずに悔しい思いをした人も少なくないでしょう。武器はほんの少しでも使い方を間違えると、相手も自分自身も傷つけてしまうとても危険なものです。かといって練習をせずに使わないでいては、いつまでたっても上手にはなりません。自分を守るために、正しい日本語を学ぶ必要があるのです。自分の言いたいことを相手に正確に伝えるために、これからもしっかり練習を続けてください。

先生は何について話していますか。

1　人からの誤解を解く方法

2　外国の文化を受け入れる重要性

3　正しい日本語を身につける必要性

4　日本の生活で怪我をする危険性

2 ♪ N2-85　答え　**1**

ラジオで将棋のプロが話しています。

男：将棋は先を読む力が必要です。なぜなら、自分の動きによって、次の相手の動きが決まり、

31

自分はその相手の動きにまた影響されるからです。そして、最終的に勝敗を左右するものになるのです。ですから、自分の次の動きを決める時は、相手の立場から考えることが大切です。一方、日常生活においても、自分の行動が相手に影響するということは明白です。先を読み、相手の立場になって考えるという点では共通しているように思います。

将棋のプロは何について話していますか。

1 将棋と日常生活の共通点
2 将棋の勝負の仕方
3 将棋に向かう心の状態
4 将棋で例える人生のあり方

3 🎵 N2-86　答え　2

ラジオで男の人が話しています。

男：先日とても恐ろしい内容の本を読みました。スマホ、つまりスマートフォンの使用が人間の記憶力や集中力を低下させ、さらには睡眠不足や運動不足の原因となっているという内容です。特に子どもは脳が未発達で、スマホに依存しやすいので、そのような影響を大人以上に受けてしまうそうです。私自身、通勤中はずっとスマホを見ていますし、仕事をしている時でも、メールやSNSが気になってしまい、集中できていません。スマホは私たちの生活を非常に便利にしてくれているので、今となっては使用をやめることはできないと思います。しかし、仕事中は電源を切るとか、ベッドの中では使わないなどのルールを決めて、賢く付き合っていく必要性を感じました。

男の人が言いたいことは何ですか。

1 スマートフォンの利用をやめるべきだ。
2 スマートフォンからの悪影響に注意するべきだ。
3 子どもにはスマートフォンを持たせるべきではない。
4 スマートフォンは生活に欠かせないものになった。

4 🎵 N2-87　答え　2

スーパーの店内アナウンスで女の人が話しています。

女：本日はスーパーさくらをご利用いただき、誠にありがとうございます。お魚コーナーより、お買い得商品のご案内をいたします。本日は広告の品といたしまして、アジが1尾98円と、大変お買い得となっております。今晩のおかずに、いかがでしょうか。また、無料調理サービスをぜひご利用ください。刺身用、フライ用、焼き魚用など、お客様のご希望に合わせて魚をお切りします。この他にも、多数お買い得商品をご用意しております。どうぞ、1階食料品売り場、お魚コーナーにお立ち寄りください。

このアナウンスの目的は何ですか。

1 来店のお礼
2 魚売り場の宣伝
3 割引サービスの案内
4 晩ご飯のおかずの提案

5 🎵 N2-88　答え　3

留守番電話のメッセージを聞いています。

女：石田様のお電話でしょうか。友愛不動産の渡辺です。いつもお世話になっております。本日アパートの契約書が届きましたので、お電話しました。ご郵送いただき、ありがとうございます。ただ、一点修正していただきたい部分がございます。つきましては、大変お手数ですが、印鑑をお持ちの上、ご来店いただきたいと存じます。なお、契約手数料の振込が確認できましたことも併せてお伝え申し上げます。ご来店の際は、あらかじめご連絡いただけますようお願い申し上げます。

女の人が伝えたいことは何ですか。

1 足りない書類が1点あるということ
2 書類に印鑑が押されていなかったということ
3 書類を修正するために来店してほしいということ
4 契約手数料を振り込んでほしいということ

即時応答 Quick response　　　　　　　　p.183

1 🎵 N2-89　答え　3

男：この仕事は、あまりの忙しさにやめてしまう人が多いんだ。

女：1　暇すぎるのもよくないんだね。
　　2　へえ、そんなに人が余るの？
　　3　それはどうにか対策を立てないと。

2 🎵 N2-90　答え　1

男：すみません、店長に聞いてみないことには何とも……。

女：1　じゃあ、後で聞いてみていただけますか。
　　2　そうですね、きっと店長も聞いてみたいですよね。
　　3　それは見ないことになっていますから。

3 🎵 N2-91　答え　2

女：いくら彼が悪いからって、課長もあんな風に人前で叱るべきじゃないと思うんだよね。

男：1　そうだね、もっと後ろに行けばよかったんじゃないの？
　　2　そうだね、あれじゃ、恥ずかしくて何も言えなくなっちゃうよね。
　　3　そうだね、彼が叱られるんじゃないかと思って落ち着かなかったよ。

4 🎵 N2-92　答え　3

男：やっと国家試験に合格できました。皆さん、ありがとうございます。

女：1　こそこそやってきてよかったね。
　　2　のろのろしないでよかったね。
　　3　こつこつやってきてよかったね。

5 🎵 N2-93　答え　1

女：彼女は言い訳をするばかりか、すぐに人のせいにするから誰からも信用されなくなってしまったんだって。

男：1　そうなんだ。でも、自分が悪いんだから仕方がないよね。
　　2　でも、ちょっと反省しすぎなんじゃない？
　　3　たった一度の言い訳で信用を失ったんだね。

6 🎵 N2-94　答え　3

女：ねえ、この服どう思う？　私に似合うかな？

男：1　駅前の店で見てほしくなって買っちゃったんだ。
　　2　高かっただけあってとても暖かいんだよ。
　　3　ちょっと派手というか目立ちすぎるというか……。

7 🎵 N2-95　答え　1

女：あなたが謝らない限り、私は絶対に許さないからね。

男：1　悪かったよ、だからそんなに怒るなよ。
　　2　やっと許してもらえてほっとしたよ。
　　3　そんな、今さら謝られても迷惑だよ。

8 🎵 N2-96　答え　2

女：その怪我どうしたの？　保健室で手当てしてもらいなよ。

男：1　さっき手を当てたけど、熱はなかったよ。
　　2　うん、授業が終わったら行ってくるよ。
　　3　これ、怪我じゃないのかな？

9 🎵 N2-97　答え　1

男：このスーパー、狭い割に品数が多いからよく来るんだ。

女：1　へえ、本当にいろいろ売ってるね。
　　2　へえ、小さいだけのことはあるね。
　　3　へえ、たくさん中身が入ってるのがいいね。

10 🎵 N2-98　答え　2

男：話には聞いてたけど、実際に就職活動をして初めて、その厳しさがわかったよ。

女：1　大変だよ。もらったら返さなきゃならないんだから。
　　2　何事もやってみないとわからないもんだね。
　　3　初めてなのにそんな厳しい仕事をさせられるんだ？

11 🎵 N2-99　答え　2

男：エリカさんたち、なかなか来ないので連絡をしたら、ガソリンスタンドのところで道に迷ってしまった<u>ようで</u>……。

女：1　連絡なんてするから邪魔しちゃったじゃない。

　　2　じゃ、迎えに行ってあげましょう。

　　3　だから、あんなに早く着いたんですね。

12 🎵 N2-100　答え　1

女：これも、それも、あれも、ああ、全部食べたい！

男：1　本当、欲張りだな。

　　2　本当、大雑把だな。

　　3　本当、粗末だな。

第11週　2日目

即時応答 Quick response　　　　　p.184

1 🎵 N2-101　答え　1

女：彼って、<u>何かにつけて</u>文句を言うんだよね。

男：1　言いたいだけだよ。放っておけばいいよ。

　　2　もうちょっと主張してほしいよね。

　　3　何か変なものでもつけていたの？

2 🎵 N2-102　答え　3

女：遅れるとしても、電話<u>ぐらい</u>できなかったの？

男：1　遅れたら、するつもりだったんだよ。

　　2　電話なんかしてないよ。

　　3　ごめん、バッテリーが切れちゃって。

3 🎵 N2-103　答え　3

男：タンさん、<u>頑張っていただけに</u>、不合格は悔しかっただろうね。

女：1　ええ、頑張っていただけですからね。

　　2　ええ、すっきりした顔で歩いていましたよ。

　　3　ええ、ずいぶんがっかりしていましたよ。

4 🎵 N2-104　答え　2

男：また宿題忘れたの？　あの先生、優しいとはいえ、今度こそ<u>怒られかねない</u>よ。

女：1　うん、怒られるところだったよ。

　　2　今から先生のところに行って謝ってくるよ。

　　3　あの先生があんなに怒るなんて思わなかったよ。

5 🎵 N2-105　答え　2

男：このコピー機なんだけど、ここまで壊れていると、<u>直しようがない</u>な。

女：1　では、修理するしかないですね。

　　2　では、新しく購入するしかないですね。

　　3　それで、壊れているわけですね。

6 🎵 N2-106　答え　1

女：明日の会議なんですが、台風のため飛行機も新幹線も止まっていて、社長が出張先から戻れないとのことです。

男：1　じゃ、スケジュールを変える<u>ほかない</u>ですね。

　　2　じゃ、スケジュールを変える<u>までもない</u>ですね。

　　3　じゃ、スケジュールを変える<u>どころでは</u>ないですね。

7 🎵 N2-107　答え　1

男：彼女はとても感じのいい学生ですね。

女：1　ええ、言葉遣い<u>からして</u>丁寧ですよね。

　　2　ええ、わざとらしいところが特に。

　　3　漢字ばかりでなく文法もよくできますよ。

8 🎵 N2-108　答え　2

男：今朝、コンビニでレジを待っていたら、男の人が私の前に入ってきたんだよ。

女：1　きっと待ち遠しかったんだよ。

　　2　<u>ずうずうしい</u>人もいるもんだね。

　　3　謙虚な人ってそういう人のことを言うんだね。

9 🎵 N2-109　答え　2

男：焼き<u>たて</u>のケーキがあるけど、どう？

女：1　あとどのくらいかかりますか。

　　2　いいんですか？　いただきます。

　　3　とてもおいしかったです。

10 ♪ N2-110　答え　1

男：明日、また今日と同じ時間にお越しください。

女：1　わかりました。ではまたこの時間にお伺いします。

　　2　明日のこの時間ですね。お待ちしております。

　　3　わかりました。忘れずに起こします。

11 ♪ N2-111　答え　1

女：スピーチ大会、いよいよだね。

男：1　うん、緊張してきた。

　　2　せっかく練習したのに、残念。

　　3　みんないろいろなテーマで話してたね。

12 ♪ N2-112　答え　1

女：鈴木くん、電車の中で倒れちゃったんだって。

男：1　あれだけでたらめな生活を送っていたら、そうなるよ。

　　2　弱みを握っているからね。

　　3　そうなんだ。かなり頭に来ていたからね。

第11週　3日目

即時応答 Quick response　　　　　　　　p.185

1 ♪ N2-113　答え　3

男：この仕事は経験を問わず、ご応募いただけますよ。

女：1　どんな経験が必要なんですか。

　　2　やっぱり、素人には難しそうですね。

　　3　それなら私にもチャンスがありますね。

2 ♪ N2-114　答え　1

女：加藤さんは、一日として学校を休まなかったんだって。

男：1　なかなかできることじゃないよね。

　　2　その時はどうして休んじゃったの？

　　3　のんびりした人だからね。

3 ♪ N2-115　答え　1

男：彼、久しぶりにテニスをして嬉しそうだね。

女：1　うん、いきいきしてるね。

　　2　うん、めちゃくちゃだね。

　　3　うん、うろうろしてるね。

4 ♪ N2-116　答え　3

女：この公園の桜、もう咲こうとしてるね。

男：1　じゃ、お花見はまだまだずっと先だね。

　　2　もっと早く見にくればよかったね。

　　3　来週には花が見られそうだね。

5 ♪ N2-117　答え　2

男：言い訳しないでよ。

女：1　納得してくれてよかった。

　　2　いや、本当のことだから。

　　3　遠慮してるわけじゃないよ。

6 ♪ N2-118　答え　1

女：あとは結果を待つのみだね。

男：1　うん、楽しみだな。

　　2　うん、頑張らないと。

　　3　うん、忙しいね。

7 ♪ N2-119　答え　3

男：なんか、くだらない映画だったね。

女：1　うん。とっても勉強になったね。

　　2　そうだね。私も感動で涙が止まらなかったよ。

　　3　本当、時間の無駄だったよね。

8 ♪ N2-120　答え　1

女：昨日はベッドに横になったとたん、眠っちゃった。

男：1　相当疲れてたんだね。

　　2　ベッドで寝ないと体に悪いよ。

　　3　よく眠れないなら、ホットミルクを飲むといいよ。

9 ♪ N2-121　答え　3

男：週末はずっとこのゲームをやってたよ。

女：1　なんだか気になるね。

　　2　へえ、しつこいんだね。

　　3　ずいぶんはまってるね。

10 ♪ N2-122　答え　1

女：私、運動にかけては、自信があるんだ。

男：1　体力もあって、足も速いもんね。

2 でも、勉強ができるんだからいいじゃない。
3 運動不足なんだと思うよ。

11 ♪N2-123　答え　2
男：ペットは、私にとって家族みたいな存在です。
女：1 家族以上に大切なんですね。
　　2 いなくてはならない存在なんですね。
　　3 誰よりも会話が弾む相手なんですね。

12 ♪N2-124　答え　3
女：今回のことでわかったでしょ。嘘なんかつく
　　ものじゃないよ。
男：1 うん。そんな人じゃないと思ってたんだ
　　けど。
　　2 うん。僕には本当のことを言ってくれて
　　大丈夫だよ。
　　3 うん。もうそんなことはしないよ。

第11週　4日目

即時応答 Quick response　　　　　　　p.186

1 ♪N2-125　答え　1
男：明日は朝早いから、今日は早めに休むこと。
女：1 はい、わかりました。そうします。
　　2 え？ 休まなくてもいいんですか。
　　3 いいえ、そういうことではありません。

2 ♪N2-126　答え　1
女：昨日の試合は、力の限り戦ったよ。
男：1 やりきったんだね、お疲れ様。
　　2 そうだね、力持ちだもんね。
　　3 うん、まだまだ余裕がありそうだったね。

3 ♪N2-127　答え　3
男：ここで部長に逆らったって、何もいいことな
　　いよ。
女：1 うん。最近、いいことばかりだね。
　　2 じゃあ、登ればいいんだね。
　　3 わかった。今回は従うよ。

4 ♪N2-128　答え　2
女：その方法には賛成しかねます。
男：1 ありがとうございます。では、決定ですね。

2 そうですか。では、どうしたらいいでしょ
　　うか。
3 うーん、どちらかはっきりしていただけ
　　ますか。

5 ♪N2-129　答え　2
女：あんな嘘つくなんて最低！ 絶対に許すもん
　　か！
男：1 じゃあ、どんなもんなの？
　　2 そうだよ。許しちゃだめだよ。
　　3 え、心が広いね。

6 ♪N2-130　答え　1
女：青木さん、自分だけ得しようとしたんだって。
男：1 それは卑怯だな。
　　2 なんて単純なんだ。
　　3 すごく純粋だね。

7 ♪N2-131　答え　3
男：彼がさっき話していたことは、噂にすぎない
　　よ。
女：1 ああ、まだ時間は過ぎてないよ。
　　2 うん、話しすぎるのはよくないよね。
　　3 そうだよね、簡単に信じちゃだめだよね。

8 ♪N2-132　答え　1
男：あ、夕立だ。
女：1 やだ、傘持ってないよ。
　　2 うん、今夜もおいしそうだね。
　　3 もうすぐ日が沈むね。

9 ♪N2-133　答え　2
男：俳優になりたいんだけど、そんなの無理に決
　　まってるよね。
女：1 おめでとう。もう決まったんだね。
　　2 そんなことないよ。自信持って。
　　3 そっか。すごく頑張ってたもんね。

10 ♪N2-134　答え　2
男：遊んでばかりいるようでは成績は伸びないよ。
女：1 そうですね。私も若い時にもっと遊んで
　　おけばよかったです。

2　はい、真剣に勉強します。

3　そうですか、それは残念でした。

11　♪ N2-135　答え　1

男：試験に合格しようがしまいが、私は日本語の勉強を続けるつもりだよ。

女：1　そっか、それはいい考えだと思うよ。

　　2　あ、合格したんだね、おめでとう。

　　3　そう、残念だったね。次は頑張ろう。

12　♪ N2-136　答え　2

女：こんなチャンス、きっと一度きりしかないよ。

男：1　うん、切らないようにしないとね。

　　2　そうだよね、絶対にやってみるべきだよね。

　　3　えっ、あきらめちゃうの？

第11週　5日目

即時応答 Quick response　　　　　　p.187

1　♪ N2-137　答え　2

男：この果物、見た目はさておき、味はいいんだよ。

女：1　うわあ、まずいね。

　　2　本当だ。意外とおいしい。

　　3　どっちもいいんだね。

2　♪ N2-138　答え　3

男：最近の電子レンジって機能が多すぎて使いづらいよね。

女：1　うん。便利だよね。

　　2　うん。もっと多くてもいいね。

　　3　うん。単純なほうがいいよね。

3　♪ N2-139　答え　1

女：片付けも終わったことですし、そろそろ帰りましょうか。

男：1　そうですね。明日も早いですからね。

　　2　そうですね。終わったら帰りましょう。

　　3　え、まだ終わらないんですか？

4　♪ N2-140　答え　3

男：決勝戦の相手があの国じゃ、勝てるわけがないよ。

女：1　勝てない理由がないよね。

　　2　勝てるに決まってるよね。

　　3　そんなの、やってみないとわからないでしょう。

5　♪ N2-141　答え　2

女：宮田さんのことだから、転勤先でもすぐにとけ込めると思いますよ。

男：1　よく飛び込んでるみたいですよ。

　　2　そうですね。明るい人ですからね。

　　3　宮田さん、ここでもうまくいっていませんからね。

6　♪ N2-142　答え　2

男：疲れちゃって、遊びに行くどころじゃないんだ。

女：1　うん。ここは遊ぶ場所じゃないからね。

　　2　そっか。じゃ、また誘うね。

　　3　じゃあ、行かざるを得ないね。

7　♪ N2-143　答え　1

女：通勤時間は短いに越したことはないよね。

男：1　うん。長いと疲れるよね。

　　2　うん。近いのはやっぱり問題だよね。

　　3　うん。もっと遠くてもいいのにね。

8　♪ N2-144　答え　2

女：私のこと、子ども扱いしないでよ。

男：1　ごめん。もう大人だと思ってた。

　　2　ごめん。気をつけるよ。

　　3　子どもでも使えると思うよ。

9　♪ N2-145　答え　1

男：あと少しのところで試合に負けちゃって、悔しくてたまらないよ。

女：1　それだけ頑張ったってことでしょ。お疲れ様。

　　2　そんなに簡単には貯まらないと思うよ。

　　3　そうだね。もう少し前で止まってほしかったよね。

10 ♪N2-146　答え　3

女：あの店のケーキ、すごくおいしくて、1時間並んで買ったかいがあったよ。

男：1　そういえば、貝好きだったよね。

　　2　おいしいのに、もったいないことをしたね。

　　3　そんなに言うなら、行ってみようかな。

11 ♪N2-147　答え　1

男：石田さんはいつもほがらかだよね。

女：1　うん、一緒にいると気分がいいよね。

　　2　そうだね、ちょっとうっかりしているよね。

　　3　でも、彼女にも陽気な一面があるんだよ。

12 ♪N2-148　答え　3

男：毎朝5時に起きて、出勤までの時間を勉強に充てているんです。

女：1　私も当たったことありますよ。

　　2　そんな暇があるなら、勉強したほうがいいですよ。

　　3　すばらしいことですが、あまり無理しないでくださいね。

第12週　1日目

統合理解 Integrated comprehension　　p.188

1 ♪N2-149　答え　2

娘と父親が話しています。

女：お父さん、お母さんの誕生日によさそうなレストラン、いくつか探してみたんだけど聞いてくれる？

男：もちろん。

女：まず1つ目は「赤井寿司」。ここは寿司屋でね、値段はちょっと高いけど有名人もよく来るお店なんだって。

男：あー、でもそこはうちからだと結構遠いよね。

女：うん、でもおいしいって評判だよ。2つ目はイタリア料理の「白木ダイニング」。店内にピザ釜があって本場のピザが食べられるんだって。サービスもいいみたい。それに何といってもワインの種類が多いんだって。

男：へー、お母さんはワインが大好きだから、きっと喜ぶね。

女：それから、「青山食堂」。無農薬の食材を使った料理を出してくれるお店。誕生日ならケーキをサービスしてくれるんだって。で、最後は「黒川ステーキ」。よく行く鉄板焼き屋だけど、やっぱり目の前で焼かれるステーキって最高でしょう？

男：そうだけど、せっかくの誕生日だからいつもと違うお店のほうがお母さんもうれしいんじゃない？　かといって、あまり遠くても疲れちゃうと思うけど。

女：じゃあ、誕生日らしく、ケーキ？

男：それもいいと思うけど、やっぱりサービスのいいお店で、好きなワインを好きなだけ飲ませてあげようよ。

女：ははは。それが一番嬉しいかもしれないね。じゃ、お店予約しておくね。

娘はどの店を予約しますか。

1　赤井寿司

2　白木ダイニング

3　青山食堂

4　黒川ステーキ

2 ♪N2-150　答え　3

会社で上司と社員二人が話しています。

男1：最近、我が社のカップ麺の売り上げが落ちているので、何か新商品のいいアイディアがないかと思って、今日は二人に集まってもらったんだ。

女：私はカップ麺が好きですが、やはりカロリーが気になってしまいます。ですので、カロリーが低いカップ麺の種類を増やしてはどうでしょうか。

男2：確かに、カロリーが気になるという話はよく聞きますね。しかし、カロリーが低いカップ麺なら、うちですでに発売されているので、これ以上、種類を増やす必要はないかと思います。勝負するなら、今までにない、話題になるような味を売り出したほうがいいのではないでしょうか。

男1：新しいものはすぐにSNSなどで取り上げ

られるから宣伝効果はあるだろうね。でも、それだけじゃすぐに飽きられてしまうと思うから、プラスでもう一つ何かあればいいんだけど。

女　：それでしたら、今までにない珍しい形をした容器にしてみてはどうでしょうか。ちょっと見ただけではカップ麺には見えないような。きっと話題になると思います！

男1：期間限定で売り出すなら面白いかもしれないな。

男2：でも、カップ麺の容器は軽くて安全なものでないと。

男1：容器は条件を満たせるように何とかするとして……。よし、それでやってみるか。

上司はカップ麺の売り上げを伸ばすために何をすることにしましたか。

1　カロリーが低いカップ麺の種類を増やす。
2　社員が新商品を食べてＳＮＳで宣伝をする。
3　今までにない味と容器にして新商品を売り出す。
4　容器を軽くして、安全性を高める。

③ 🎵N2-151　答え　質問1：4　質問2：1
ラジオでアナウンサーが人気の街を紹介しています。

女1：今週は、毎年「住みたい街トップ20」に入る人気の街を、毎日４つずつご紹介しています。本日初めにご紹介するのは、「神矢坂」です。この街は中心的なエリアにあって、交通の便がいいことで知られています。自然は少ないですが、デパートやレストランなどが数多くあり、特に独身の人たちから人気があります。次は「三沢」です。この街は、中心部から電車で30分ほどかかりますが、自然が豊かです。学校や病院なども多く、子育てに向いている街と言えるでしょう。3つ目にご紹介するのは「浅倉」です。昔、城があったところで、今も昔ながらの街並みを楽しむことができます。商店街も多く、お祭りなど地域のイベントも多いため、人との交流の機会に恵まれています。最後

にご紹介するのは「中谷」です。この街は郊外にあるため数年前まであまり知られていませんでしたが、街の再開発後、交通の便がよくなり、一気に人気が出ました。昔の街の雰囲気を残しながらも、都会の便利さが加わって、若い人に受けているようです。どうでしたか。皆さんの好きな街は入っていましたか。

男　：今の中で住んでみたいところあった？

女2：私は、次に住むなら交通が便利な場所がいいと思ってる。

男　：へえ、意外。久美は自然が多いところっていうかと思ったよ。

女2：確かに自然が多いところは魅力的だけど、休日に行ければ十分で、生活するのにはちょっとね。直人は昔ながらの街の雰囲気が好きだって言ってたよね？

男　：うん、街の雰囲気はね。でも、人付き合いが苦手だから、そういうところに住むのはちょっと……。やっぱり交通の便がよくて、若者に人気の街に住みたいな。どこに行くにも便利そうでしょ。

女2：まあね、私は交通だけじゃなくて買い物にも便利な街に住みたいけどね。

質問1　男の人はどの街に住んでみたいと言っていますか。

質問2　女の人はどの街に住んでみたいと言っていますか。

第12週　2日目

統合理解 Integrated comprehension　　p.189

① 🎵N2-152　答え　1
電器屋で男の客と店員が話しています。

男　：すみません、プロジェクターについて教えていただきたいんですが。今のテレビは画面が小さいから、プロジェクターにつないで大画面で楽しみたいと思って。

女　：そうですか。いくつか人気の商品があるので、人気順にご紹介しますね。人気の第１位はこちらの「Ｐ－ボックス」。お部屋に置くタ

イブでは一番小さくて軽い割に、画面を大きくしてもきれいですよ。お値段は5万円です。第2位はこちらの「P-ポータブル」。持ち運び用にスマホサイズまで小さくしたので、画面はそれほど大きくできませんが、営業先に持っていけるということで会社員に人気です。値段は7万円です。

男：僕は部屋に物を置くのが嫌いなので、<u>小さければ小さいほうがいい</u>けど、第2位のだと大画面にできないのか。第3位と第4位はどんなものですか。

女：第3位は「P-ルーム」。物を置きたくないのでしたら、おすすめですよ。これは天井に取り付ける照明にプロジェクターが付いているので、置く必要がないですから。値段は第1位の「P-ボックス」と同じで、5万円です。そして、第4位はこちらの「P-プロ」という商品です。企業向けに売り出されたものなので、他の3つより大きめなんですが、最近家庭用に購入される方もいらっしゃいます。値段は少し高めで8万円です。

男：部屋に物を置くと狭くなるから、さっきの第3位の「P-ルーム」もいいと思ったんですが、天井に固定するとなると、使う部屋が決まってしまいますよね。<u>僕はリビングでも寝室でも見たいな</u>、と思っていて。

女：ええ、あと大画面でご覧になりたいっておっしゃっていましたよね。そうすると、こちらか、こちらかと思いますが。

男：そうだな。<u>安いのも魅力的だし、移動させることを考えると小さいサイズがいいですよね</u>。これにします。

男の人はどのプロジェクターを買いますか。

1　P-ボックス

2　P-ポータブル

3　P-ルーム

4　P-プロ

2　♪N2-153　答え　4

学校で学生三人が文化祭について話しています。

女1：うちのクラスの「和風喫茶店」、何か減らさないと予算オーバーだよ。どうする？ これが支出予定の表。

男：喫茶メニューの料理とか飲み物に使う材料と、教室の飾りに一番かかってるんだ。飲み物が5種類、軽食が6種類なんて多すぎじゃないかな。これを半分にするだけでだいぶ減ると思うけど。

女2：喫茶メニューはお客さんがお金を払うから、問題ないんじゃない？

男：じゃあ、購入する材料の量を少なくするとか。

女1：私もね、最初そう思ったんだけど、予想以上にお客さんが来て、すぐに売り切れて出すものがありませんなんてなったら、最悪だなって思って。

女2：そうだよ。それより、教室の飾り、クリスマスじゃないんだし電気で飾るなんて、和風とは言えないんじゃない？ <u>それに、店内で流す音楽の購入にかなりかかっているけど、自分が持っているものでいいんじゃない？</u>

男：確かに、音楽は買う必要ないよね。でも、飾りはないと寂しいよ。それに目立たないとお客さんも集まらないんじゃない？

女2：それもそうだね。じゃ、飾りはそのままで。あと、削れるところある？

女1：最初にみんながいいって言ってた、<u>お客さんが帰る時に渡そうとしたお土産、一つ一つは安いんだけど、100個も準備するとなると、かなりかかるかなって思うんだ</u>。でも、これはみんなのアイディアだからなくしたくないな。

女2：じゃあ、早く来たお客さん20名までとかにしたら？

男：それいいじゃん。<u>じゃあ、さっきのと、それでどう？</u>

女1：うん、予算ぴったり。

女2：じゃ、決まりだね。

三人はどの項目を修正することにしましたか。

3　♪N2-154　答え　質問1：3　質問2：1

会社の地域貢献活動についての説明を聞いて新入社員が話しています。

男1：去年秋の就職説明会でも少し話したので、覚えている方もいると思いますが、本日は毎年行っている4つの地域貢献活動についてお話しします。まずAコースのゴミ拾いですが、会社から駅までの道を重点的に行います。次にBコースの公園の遊具の安全点検ですが、子どもたちが安全に遊べるように、危険を感じるところがないか、市内の5か所の公園をチェックします。それから、福祉施設訪問はCコースの高齢者施設と、Dコースの障がい者施設の2つがあります。いずれも午前中は施設内の清掃で、午後に交流活動があります。Cコースの高齢者施設では、利用者の方たちと一緒に散歩をします。Dコースの障がい者施設のほうでは、音楽会に参加します。先ほどお配りした用紙に希望するものを1つ記入して今週中に総務部まで提出してください。我が社は地域の皆様に支えられているということを、忘れずに活動してほしいと思います。

男2：どれにする？

女　：私はこれ。入社前から決めてたんだ。

男2：えっ、大学の専門って福祉だったっけ？

女　：ううん、でも母がそういうところで働いているから見てみたいって思ったんだ。利用者の方とお散歩して、うちの会社の印象なんかも聞いてみようかな。

男2：へえ、僕は何も考えていなかったよ。

女　：じゃ、山下さんも一緒に行く？

男2：うーん、どうしようかな。

女　：悩んでるなら、山下さん、大学時代に子どもスポーツ教室でアルバイトしてたって

言ってたし、子どもの安全のためのこれ、いいんじゃない？

男2：いや、こっちにする。小学校のころ、学校からの帰り道にお菓子のゴミとか道に捨てちゃってたんだよね。悪いことしたなあ。

女　：そっか、反省の意味も込めてってことね。いいんじゃない。

質問1　女の人はどのコースを選びましたか。

質問2　男の人はどのコースを選びましたか。

第12週　3日目

統合理解 Integrated comprehension　　p.190

1　♪N2-155　答え　3

夫と妻が話しています。

男：ねえ、次の旅行のプランを考えるって言ってたけど、もう考えた？

女：うん、パンフレットももらってきたよ。4つあるんだけど聞いてくれる？　まず考えたのが南の島。豪華なリゾートホテルでのんびりできたらいいなって。それか、スキーに行くのもいいなあと思ってるんだ。この前同僚が行ってきたっていう北海道のスキー場なんだけど、とても素敵なホテルがあるんだって。価格はそれほど高くないわりに、お食事がおいしくてとてもよかったって言ってたよ。冬なら、私たちの結婚記念日に行ってもいいよね。

男：うん、どっちもよさそうだけど、他にはどんなプランがあるの？

女：えーと、これは海外でお金がかかりそうなんだけど、あの世界遺産、ペルーのマチュピチュにどうしても行ってみたいんだよね。日本からだと1日以上かかるし、山の上にあって体力も必要だって聞くから、これはやっぱり若くて子どもがいないうちに行っておいたほうがいいかなと思うんだ。

男：あー、僕もいつかはそこに行ってみたいと思っていたんだ。

女：最後のプランは、自転車旅行。去年いい自転車を買ったことだし、自転車に乗って旅行を

するのもいいなと思って。例えば、瀬戸内海の島は橋で繋がってて、自転車で旅行するのが人気なんだよ。ずっと自転車の移動で疲れるかもしれないけど、島ではおいしい魚料理を食べたり、温泉に入ったりできて楽しいんだって。お金はそんなにかからないみたい。

男：うーん、どのプランも魅力的で迷っちゃうな。そうだなあ、今年は長めの休暇がもらえるし、せっかくだから、これにする？贅沢して夢を実現しちゃおう。

女：体力は大丈夫？

男：大丈夫、大丈夫。まだ若いからね。きっといい記念になるよ。

二人はどんな旅行をすることにしましたか。

1　南の島のリゾートホテルへの旅行
2　スキー旅行
3　海外の世界遺産への旅行
4　自転車旅行

2 🎵 N2-156　答え　4

大学の国際交流サークルのミーティングで学生三人が話しています。

女1：今日は留学生歓迎イベントの内容について話し合いたいと思っています。じゃあ、大崎くん、何かご意見はありますか。

男：えーと、大学案内はどうでしょうか。食堂のおいしいメニューを教えてあげたり、図書館の使い方を一緒に行って教えてあげたりしたら、役に立つんじゃないかと思います。

女2：確かにそうですね。これって大学の中だけではなくて、大学の近くのお店とかも教えてあげたほうが役に立つんじゃないでしょうか。行ったことがないお店って入りにくいと思うので、一緒に行って店の様子なども見せてあげられたらいいなって。

女1：なるほど。でも人数が多いとお店に迷惑がかかってしまうかもしれないですよね。

男：うーん、小さいグループに分けて行くとか。

女2：それだと知り合える人数が減っちゃいますよね。……それじゃあ、今回は案内をあき

らめて、みんなでご飯を食べたりするだけではどうですか。ちょうど桜がきれいな時期ですし、公園でお花見をすると楽しいかもしれませんね。

男：友達作りのサポートも大事ですよね。でも、お花見だと天気が心配だなあ。大学の体育館でパーティーをするのはどうですか。みんなでゲームとかしたら仲良くなれると思います。

女2：確かにチームで何かをすると友達になりやすいですよね。ゲームならまだ日本語が上手じゃない留学生も参加しやすいと思いますし。

男：うん。ただ、大学の施設の使い方を伝えることもやっぱり必要かなあ。川崎さんはどう思いますか。

女1：うーん、今回は準備期間が限られているので、大学の中で済ませられるイベントにしませんか。あと、人によって利用する施設は違うので、本当に役に立つ案内をイベントの中だけでするのは難しいと私は思います。でも、大学内のことであれ、外のことであれ、知りたいことができた時にすぐ聞けるような友達ができれば、きっと安心して留学生活が送れると思うんです。だから、このイベントで進めたいと思います。

女2：そうですね。じゃ、早速準備の役割を決めましょう。

三人はどのイベントをすることにしましたか。

1　大学内の案内
2　大学の近くの店の案内
3　公園での花見
4　体育館でのパーティー

3 🎵 N2-157　答え　質問1：3　質問2：4

テレビでアナウンサーが今月の売り上げ上位の本を紹介しています。

男1：それでは第4位を発表します。アイドルグループ、「リトルチューリップ」の10年間の活動をまとめた写真集「明日へ」です。

普段は見られない舞台裏の写真など300枚以上が収められています。第3位は、2か月連続で売り上げランキング上位のこの本、「理想のお部屋作りの3つの法則」です。インテリアコーディネーターのアリスさんが提案する賢い物のしまい方や自分で簡単に作れる家具の紹介などもあり、とても実用的な一冊です。そして、第2位は、西山庄次郎作のミステリー小説、「深夜のフライト」です。東京からニューヨークへ向かう飛行機の中で起こったある事件。謎を解いていくうちに意外な真実が明らかになっていきます。私も先が気になって、時間が経つのも忘れて読んでしまいました。そして第1位は新発売のこの本。「やせたければラーメンを食べろ」。人気お笑い芸人、ダルマさんのダイエットの記録です。変わったダイエット方法を試しては失敗し、それでもあきらめないダルマさんの姿に元気がもらえます。読んだら前向きな気持ちになれること間違いなしです。ぜひ皆さん読んでみてください！

女 ：へえ！歩美ちゃんへの誕生日プレゼントに迷ってたんだけど、さっき言ってた本がよさそう！早速、買いに行こうと思うんだけど、坂本くんも行かない？

男2：そうだなあ。最近、本買っていないし行こうかな。ちょうど部屋の片付けをしたいから、前から話題のあの本でも買ってみようかな。

女 ：それなら持ってるから貸してあげるよ。

男2：ありがとう。じゃ、アナウンサーも読んだって言ってたのを買うよ。実はああいうドキドキするような本、好きなんだよね。ところで、歩美ちゃんにプレゼントって、あの、芸人が書いた本？

女 ：うん、彼女、最近元気がないから、これを読んで明るい気分になってほしいんだ。

質問1　男の人はどの本を買いますか。
質問2　女の人はどの本を買いますか。

統合理解 Integrated comprehension　　p.191

1　♫ N2-158　答え　4

デパートで男の店員と客が話しています。

男：いらっしゃいませ。何かお探しですか。

女：はい。今度、大学の入学式があるので、それに着ていく服がほしくて。何かおすすめはありますか。

男：そうですね。一番人気なのは、やはり黒いスーツですね。ジャケットとスカートの上下セットになっています。こちらは入学式だけでなく、就職活動や、働き始めてからも使えますので、長く着られると思います。

女：そうですね。でも、ちょっと地味かなと思うんです。

男：では、このピンクのスーツはいかがですか。こちらもジャケットとスカートのセットになっています。春らしい色で華やかですし、普段使いもできますよ。

女：あ、かわいい。いいですね。でも、ちょっと目立ちすぎるかも。

男：最近はこういった明るい色を着る方、増えていますよ。ですが、もし気になるようでしたら、こちらのグレーのスーツはいかがでしょうか。ストライプが入ったパンツスーツで、人気ですよ。脚が長くきれいに見えるようにデザインされていますし、きっとお似合いになると思います。

女：パンツスーツもいいですね。でも、私はスカートのほうが着る機会が多いんですよね。

男：では、この紺のワンピースはいかがですか。今までご紹介したものは、中に着るシャツなども選ばないといけませんが、ワンピースですので、その必要がなくて楽ですよ。

女：そうですね。それにちょっといいレストランとか行く時も使えそうですよね。

男：はい。入学式以外にも着る機会はたくさんあると思います。

女：どうしようかな。使う機会が多いのがいいけど、こっちはシャツも買わないといけないか

らちょっとな……。うん、これにします。

女の人はどの服を買いますか。

1 黒いスーツ

2 ピンクのスーツ

3 グレーのスーツ

4 紺のワンピース

---

2 ♪ N2-159　答え　2

大学で学生三人が国際交流会のイベントについて話しています。

男1：みんなそろったかな。じゃあ、今日は来月末に行う国際交流会のイベントについて話し合いたいと思います。えーと、前回は何をしたんだっけ？

女　：前回はトランプ大会。自分の好きなトランプゲームのルールを紹介してやるっていうの。結構盛り上がったよね。日本にもあるものでも、国によってちょっとずつルールが違ってて、面白かった。

男2：うんうん。参加した人たちも楽しかったって言ってたから、もう一度やりたい気もするけど。

男1：確かに気持ちはわかるけど、毎回違うイベントをするっていうのがこの会の特徴だからね。それで、今回は料理作りなんてどう？自分の国の料理を紹介し合うんだ。それなら、最後に料理を食べる時、みんなでおしゃべりもできるし。

女　：ああ、いいね！でも、材料とか、この辺で買えるかな。日本であまり見ないスパイスとかが必要だったら大変じゃない？

男1：うーん。確かに。

男2：じゃあ、ダンスは？音楽さえあればできるし、体を動かすのもいいんじゃない？伝統的な踊りとか、自分の国で今はやってるダンスを簡単に紹介してもらう、とか。

女　：うーん、ダンスか。私ちょっと苦手なんだよなあ。そういう人結構いると思うよ。体を動かすならスポーツ大会はどう？やわらかいボール使って、バレーボールとか。

男1：でも、それこそ苦手な人いそうじゃない？それに、怪我したら嫌だし。やっぱりさっき言ったのがいいんじゃない？自分の国のじゃなくて、今回は日本のを紹介ってすれば、材料は何とかなると思うけど。

男2：ああ、それだったらいいかも。最後にみんなで話せる時間もあるし。

女　：そうだね。それにしよう。他のはまた次回以降ってことで。

三人はどのようなイベントをすることにしましたか。

1 トランプゲーム

2 料理作り

3 ダンス

4 スポーツ大会

---

3 ♪ N2-160　答え　質問1：4　質問2：2

学校で先生が修学旅行の文化体験について話しています。

男1：修学旅行の2日目に、文化体験があります。これは4つのコースから一人一つ選ぶことができます。これからその説明をしますので、明日までにこの用紙に記入して提出してください。それでは、まずAコースは和菓子作り体験です。職人さんの指導のもと、本格的な和菓子が作れます。細かい作業が好きな人、甘いものが好きな人におすすめです。ただし、持って帰れないので、その場で食べることになります。Bコースは、草木染め体験。これは花や葉っぱ、枝などの天然のものを使って、白いハンカチに色を付けていくものです。自分の好きな模様を描くことができるので、世界に一つだけのものが作れます。それから、Cコースの陶芸体験。これは、お茶碗か湯のみのどちらか一つを作ることができます。皆さんが形を作ったあとで、焼く作業があるので、体験の当日には受け取れません。後日、学校で皆さんに渡します。最後は、Dコースのガラス細工体験です。これはガラスで、グラスとか花瓶とかを作るものです。ガラスを

高温で溶かして、それに固いストローみたいなもので息を強く吹き込んで作業をするので、なかなか大変ですが、めったにできない体験なのでおすすめです。こちらも受け取りは後日になります。

女：文化体験どれにする？　小泉くんはもう決めた？

男2：うん。おばあちゃんの誕生日がもうすぐだから、何か作ってあげたいと思ってて。

女：そうなんだ。やっぱ、お茶碗とか？

男2：うーん。茶碗とかはいつも使っているのがもうあるし、花瓶でも作ろうかな。作業が大変そうだけど、先生もあんまりできない体験だって言ってるし。

女：へー、いいね。おばあちゃん、きっと喜んでくれるよ。

男2：小川さんは？　甘いもの好きだから、もう決まってるでしょ？

女：うん、家族にもお土産としてあげられるんだったらそれにしようって思ってたんだけど。ま、絵描くの好きだし、いつも使うものだし、これにしようかな。世界に一つだけとか、すごくいいよね。

男2：うん、いいと思う。じゃ、決まりだね。

質問1　男の生徒はどのコースに申し込みますか。
質問2　女の生徒はどのコースに申し込みますか。

第12週　5日目

統合理解 Integrated comprehension　p.192

1　♪ N2-161　答え　3

薬局で男の人と女の店員が話しています。

男：すみません、目が疲れているんですが、何かいい目薬はありませんか。

女：そうですね、こちらの「Zルートアクティブ」はパソコンなどを使う機会が多く、目が疲れていると感じる方におすすめです。疲労を感じた時と、寝る前にご使用ください。値段は900円です。

男：いいですね。でも、ちょっと、かゆみもあるんですよね。

女：それでしたら、こちらの「アイプロテクト」はどうでしょうか。かゆみを取ってくれますよ。1日3回、朝昼晩にご使用ください。値段は1300円です。あと、こちらの「ニッコリ50」もおすすめです。かゆみを取って、疲労に効きます。ビタミンが多く含まれていて目の赤みも取ってくれます。1日に1回、寝る前にご使用ください。値段は2000円です。

男：いろいろあるんですね。

女：他には、「プラチナアルファー」もおすすめです。こちらは特に乾燥が気になる方におすすめです。値段は1800円です。

男：特に乾燥はしていないので……。1日に1回でいいなら楽なんで、これにします。

男の人はどの目薬を買いますか。

1　Zルートアクティブ
2　アイプロテクト
3　ニッコリ50
4　プラチナアルファー

2　♪ N2-162　答え　3

大学で学生三人が遊びに行く場所について話しています。

女1：あー、やっと試験、全部終わったね。

女2：お疲れー。

男：いやあ、本当に疲れた。ねえ、次の土曜日に三人でどっか遊びに行かない？　久しぶりに楽しいことしたいよ。

女2：あ、いいね。週末空いてるし。美貴も空いてるよね？

女1：うん、空いてる。あ、ちょうど見たい映画があるんだけど。

男：あー、前に言ってたあの恋愛映画？　ちょっと俺は……。それは二人で行きなよ。

女1：えー、じゃあ、カラオケは？

男：カラオケ好きだねー。俺は別にカラオケでもいいけど。

女2：え、でもそれだったら今からでも行けるじゃん。せっかくだから、もっとさー、わくわ

くする感じのところ行きたいよ。遊園地とか！

女1：遊園地！ いいね、行きたい！

男：いいね、俺も行きたい。でもさ、週末は絶対混むでしょ。行くなら平日のほうがいいんじゃない？ ね、ボウリングは？ 体動かしたいし。

女2：ボウリングかー。私、下手なんだよね。

女1：あはは、そうそう友希下手なんだよね。投げる姿、変だもん。

女2：ちょっと！ だから嫌なんだよー。

男：あはは。それは見てみたいけど、嫌ならやめよう。えっと今、週末の天気調べてみたら、あんまり天気よくないみたい。もしかしたらそんなに混まないかもしれないし、みんなが行きたいところにしようか。

女1：うん、賛成！

女2：やった。楽しみ！

三人は土曜日にどこへ行くことにしましたか。

1 映画館
2 カラオケ
3 遊園地
4 ボウリング

3 🔊 N2-163　答え　質問1：2　質問2：3

ボランティアの申し込み会場で女の人が話しています。

女1：それでは早速、来年日本で開催される国際サッカー大会のボランティアを4つご紹介します。まず最初は「道案内スタッフ」です。試合会場近くの駅から競技場の間に立ち、道案内をします。看板を持って立つことになりますので語学力は必要ではありません。次は、会場内にある売店の「販売スタッフ」です。飲食の販売はなく、記念品などを販売します。こちらは日本語以外の言葉が1つ以上話せる方が対象となります。次は競技場内の「会場案内スタッフ」です。こち

らは会場内を歩きながら困っているお客様をサポートするお仕事です。こちらも日本語以外の言葉が話せることが条件になっています。そして最後は「警備スタッフ」です。サッカーコートのすぐ脇に立ち、観客がコートに入らないようにしていただきます。こちらは専門の警備員と二人一組になります。それほど危険ではありませんが、警備の経験がある方限定となっております。それでは、アンケート用紙にご希望のボランティアをご記入のうえ、こちらの受付にお出しください。

男：どうしようかな。道案内をするつもりで話を聞きに来たけど、話を聞いたらやっぱり会場内に入りたくなっちゃった。コートのすぐ脇に立ったら、一番いい場所から試合が見られるんだよ。すごいよね。

女2：何言ってんの。コートの脇に立つって言ったって、観客と同じように試合を楽しめるわけじゃないでしょう？ 興奮した観客が、試合の邪魔をしないように注意してなきゃいけないんだから、試合を楽しむどころじゃないと思うよ。それに、警備の経験ないんじゃない？

男：そうだったな。咲子は英語が話せるし、やっぱりサポート？

女2：ううん、せっかくだから英語は絶対に使いたいけど、私はあんまり歩き回るのが好きじゃないからそっちじゃないほうにするよ。それは明がやればいいんじゃない？ フランス語話せるし。それに会場内を歩いてたら、試合を見るチャンスがあるかもよ。

男：そっか、じゃ、そうするよ。

質問1　女の人はどのボランティアに申し込みますか。

質問2　男の人はどのボランティアに申し込みますか。